职业化
校长成长之路

刘春晖◎著

電子工業出版社
Publishing House of Electronics Industry
北京·BEIJING

推荐序 1

改革开放40年来，教育作为先行者，实现了跨越式发展。民办教育已经从无到有，从小到大，从“有益补充”变为教育领域的重要力量。本书作者刘春晖先生作为亲历者、受益者和参与者，见证了这一伟大的历史进程。

刘春晖先生出生于改革开放初期的一个教师家庭，从小受到家庭的教育熏陶，在幼小的心灵上种下了教育梦的“种子”，把当一名人民教师作为自己童年奋斗的目标。后来他顺利考取了教育专业，这也坚定了他作为教育人的信念。工作后，刘春晖先生毅然辞去公立学校教师的工作，在改革开放的浪潮中投身民办教育事业，在不断艰辛探索与经验积累中走出了自己的民办教育之路。

2014年，刘春晖先生创办了朗培教育集团。朗培教育集团是一家深耕于中国教育产业，集校长培训、管理咨询、项目孵化、教育投资于一体的教育生态型企业。朗培教育集团以实现“中国梦、教育梦”为己任，推动了民办教育产业蓬勃发展，也推动了校长职业化、办学诚信化进程。

随着互联网、数字化、人工智能的发展，我们需要加快教育变革的步伐，从数量的迅速扩充转为质量的有效提升，从传统教育转为现代化教育，以便在新的时代肩负起新的使命，办令人民满意的教育。

刘春晖先生凭借多年办企业的经验，提出了“用学校思维做教育、用企业思维做学校”的理念。他认为，做教育，要么不做，要做就要做到最好。如何达到这个目标？那就是校长职业化、教师专业化、经营规范化，将最正确的教育奉献给最可爱的孩子，促进学校的可持续发展。他认为，校长既要有教育情怀，又要具备企业家的职业化思维。如果一位校长具备职业化思维，懂得如何激励、管理员工，懂得招人、选人、留人，懂得课堂文化，就能在办学的路上越走越远；反之，则迟早会在激烈的竞争中被淘汰。因此，校长要用自己的职业化思维引领团队的成长，从而带动学校的长足发展。在本书中，他从切身体会出发，围绕团队激励、运营策略、落地招生三个方面，告诉校长应该做什么、应该怎样做。教育思想往往产生在教育之外，刘春晖先生跳出教育看教育，用企业家的眼光看教育，为我国教育尤其是民办教育注入了新的思维和活力。

2018 年 10 月 10 日，朗培教育集团在南京举办第二届中国民办教育校长职业化高峰论坛，我应邀参会。南京会展中心座无虚席，整个会场秩序井然，这足见刘春晖先生及其集团在民办教育界的影响力和凝聚力。

朗培教育集团自创办以来，已连续 3 年荣获“中国品牌影响力教育集团”的称号。2018 年 11 月，朗培教育集团和刘春晖先生分别荣获新华网“2018 年度品牌实力教育集团”和“2018 年度教育行业影响力人物”称号。

刘春晖先生的这本力作即将付梓。他用自己的心血和智慧，为所有有情怀、有梦想的校长指明了一条通往职业化校长的成长道路！做职业化校长，做最好的教育，就应经历这样的成长之路！我衷心祝贺刘春晖先生的大作问世！

是为序。

郭永福

中国教育学会原常务副会长、

创新人才教育研究会顾问、

光明教育家书院副院长、编审

推荐序 2

从教育的本质说中国教育的职业化

21 世纪现代化的中国需要什么样的教育来振兴中华民族?

新时代中国需要召唤什么样的人才来从事开辟新篇章的工作?

教育人刘春晖先生邀我为他的新书作序，看完书稿后，我想了许久都不敢轻易下笔。中国教育问题的确是一个很复杂的问题，我担心写不好，误导了读者，更重要的是我被春晖的教育情怀感动，不知从何开口。

教育是国计，也是民生；教育是今天，更是明天。在改革开放后短短几十年时间里，我国民办教育几乎从零起步发展到如此大的规模，甚至成为中国教育体系中的重要一环，本身就是一种发展成就。但是在快速发展的同时，民办教育也面临诸如管理不规范、价格过高、乱收费等诸多亟待解决的问题。

而春晖正是在行业发展及社会矛盾的迫切需要中，创办朗培教育集团，寻找解决问题的方法。他从自身做起，从心出发，影响有影响力的人，进而改变一种观念，引领一个行业。他的这种勇于担当和敢于践行的精神，让我钦佩不已。

为了不辜负春晖的信任，为了完成好他交给的任务，今年春天开学伊始，我特意邀请十余位著名中小学校的校长、知名教育机构的校长、教育研究者和学生家长，组织了一场以“探索·民办教育发展”为题的小型研讨会，从不同侧面听取了大家对当下教育状况和问题的意见。

在研讨会上，大家对当今民办教育中普遍存在的若干问题进行了讨论。除了教育制度，两大问题成了大家讨论的核心，一是公办教育与民办教育之间的矛盾关系，二是当下民办教育市场中的不规范问题，但最终的解决方案指向公办教育与民办教育的协同发展及教育工作者的职业化。

针对公办教育与民办教育的矛盾关系，不少公办学校的校长指出，有不少民办学校大肆挖公办学校的优秀老师，还有一些公办学校借着这股热潮，开始偷偷创办民办学校，对公办学校造成了冲击。但是反过来讲，民办学校也在发展中弥补了公办学校的不足，所以促进K12教育公平既不能单靠“限”，也不能单靠“堵”，应在坚持公办学校均衡发展的同时，加强对民办学校发展的分类监管，让公办学校协调有序地发展。

而对于民办学校的经营不规范问题，大家认为主要原因如下：第一，监管体系不健全，空白地带多；第二，在学校自身发展过程中，校长没有接受系统性培训，不知道如何进行规范化管理；第三，家长盲目跟风，在民办学校招生时，学校夸大课程效果及课程价值，使家长在报名时不够理智。在研讨会上，家长和民办学校的校长针锋相对，他们针对一个个尖锐的问题展开了激烈的讨论。教育研究者就这些问题进行综合分析，他们认为，在当下中国教育环境不会改变的前提下，对民办学校的校长进行系统性培训及促进民办学校的教育工作者职业化，是解决当前学校教育问题的必由之道。

职业化可以让教育工作者更懂教育的本质，让从业者拥有更多责任感和爱，这与春晖研究和倡导的职业化不谋而合。如何解决中国教育的难题？如何成长为职业化的校长和教育工作者？春晖的《职业化校长成长之路》正是为解决这些问题而创作的，这本书为解决这些问题提供了方案。

教育赋予教育工作者的价值与使命是什么？“为天地立心，为生民立命，为往圣继绝学，为万世开太平。”愿本书能为中国当代教育的改革起到推动作用。

是为序。

中原书院院长 张瞭原

2019 年 3 月 10 日于北京大学朗润园

前言

我之前被朋友问到一个很有意思的问题：如果婚姻的期限只有 7 年，你会怎么做?

假如我们的婚姻期限只有 7 年，我们会不会更加珍惜这来之不易的“共枕眠”的缘分?

7 年期限一到，我们是断然分手，还是再续前缘?

婚姻需要经营，企业更是如此。

企业的生命周期可能比我们想象的还要短。仅是能维持企业持续发展 7 年，都是很困难的事情。在被竞争对手模仿，然后逆袭超越，都已经是大概率事件的今天，我们又该如何经营自己的学校呢?

假如你的学校生存期限只有 7 年，你该如何经营呢?

01

我把这个问题抛给了我身边的一些校长朋友，他们不约而同地陷入沉思：只有 7 年时间，我该做什么？我能做什么？

“加快成长。”沉思后不久，校长们给了我答案。

相信这也是很多人马上会冒出来的想法，因为很多校长都是从老师成长起来的，他们有着对教育的一腔热血、对教学的炽热情怀，但是同样也缺乏系统的、专业化的经营好一家学校的思维和方法。

于是，学校在发展过程中总会遇到各种各样的问题，招不来老师、留不住员工、员工执行力差、学校产品没有竞争力、收费提不上去、教学质量很难把控等，校长总是疲于应付，充当“救火队员”，常常心力交瘁、欲哭无泪。

校长是学校发展的“天花板”，唯有校长加快自己的成长速度，才能真正经营好自己与学校这段来之不易的“姻缘”。

02

天下绝学，唯快不破。

我经常听到校长们说下面的话：

快点装满校区。

快点出教学成果。

快点开新分校。

快点……快点……再快点……

但是如何才能让自己快点成长？

也许，答案就是“做职业化校长”。在不打破自己原有认知的基础上，快速学习职业化的管理思维、运营策略、技能及工具，构建新的职业化认知。用自己的职业化思维引领团队的成长，从而带动学校的长足发展。

校长职业化，经营规范化，未来长远化。

顺便提醒一句，中国民营企业的平均寿命是2.8年，而不是7年，我们成长的速度一定要超过企业寿命衰减的速度。

03

做职业化校长，还是一种对教育的敬畏。

教育强，则少年强；少年强，则国强。教育人从骨子里就有一种爱国情怀。

是的，做教育，要么不做，要做就要做最好的教育！

只有校长职业化、教师专业化，我们才可能有更多的精力去钻研教学内容，才有可能“将最正确的教育奉献给最可爱的孩子”。

而这一切，都取决于校长的职业化经营。

04

这本书出版的意义是什么？

为所有有情怀、有梦想的校长，打造一条通往职业化校长的成长道路！我们将会从团队激励篇、运营策略篇、落地招生篇三个部分循环滚动，构建全新的职业化经营思维，从场景案例、原理讲解、通用案例、方法落地、总结思考五个步骤提升自己。

做职业化校长，做最好的教育！

目录

壹

团队激励篇

贰

运营策略篇

叁

落地招生篇

壹

团队激励篇

1.1 激励员工就是打一巴掌给个甜枣吗

做职业化校长，做最好的教育！欢迎翻开这本书，首先要和大家分享的一个话题是激励员工。

先来看一个案例，有一位校长，每到招生旺季他就坐立不安，总害怕自己的团队在关键时刻掉链子，影响招生。当然，他的担心也不是杞人忧天，因为依靠发宣传页就可以招来学生的时代已经一去不返了。随着市场竞争越来越激烈，招生也越来越难，很多校长为此还专门组建了招生团队，但是有团队不一定就有好的结果，所以每到招生旺季就有很多校长联系我，让我给他们出主意，那到底该怎么办才好呢？

其实，带团队就是带状态，只有带出团队状态才可能有好的结果。带团队的办法有千万种，但有一种方法是不可或缺的，那就是激励。

哈佛大学的威廉·詹姆斯教授发现，员工在不被激励的情况下，工作的能力仅能发挥到他能力的20%～30%，而在有效的激励下，工作能力却可以发挥到70%～80%。从20%～80%，这中间60%的差距就是激励的作用，所以，作为一名职业化校长，首先应该成为一名团队激励的高手。

为什么激励可以带动团队的状态，有效地促进员工实现目标呢？我们先来了解一下激励的原理：激励的起点是激发人们心中未被满足的那个需求，然后通过这个需求引发动机，通过动机再产生行为，经过行为达成目标，从而让需求最终得到满足。

当然，当员工的需求得到满足后，管理者可以再次利用新的激励手段，激发员工新的需求，让其循环下去，从而使员工保持更好的工作状态。因此，激励手段要不停变化，以激发员工不同的需求，从而使员工保持持续性的工作状态。

最后得出结论：职业化校长必须是一个激励高手。

其实，在我们几千年的历史长河中，也不乏激励的高手，曹操就是其中的一位。读过《三国演义》的人都知道，曹操用人有三大特点：第一，唯才是举；第二，知人善任；第三，惜才如命。但我们不知道的是，曹操还有更加重要的管理手段，那就是激励。尤其是在兵败赤壁之后，曹操更是展现了自己的激励才华。虽然面对一群哀兵，但是在他一番慷慨激昂的演讲后，团队士气便迅速提升了，从而极大地坚定了团队必胜的信心。

在现代企业管理中，员工激励也是一个永恒的话题。说起海底捞，也曾有很多校长和企业家尝试模仿海底捞的服务模式。海底捞靠极致的服务被大众熟知，但是很多人不知道海底捞对员工的激励是非常值得我们借鉴的。海底捞为了激发员工的工作状态，做了很多在餐饮行业根本不可能想到也不可能做到的激励措施，例如，员工分红股份、内部创业基金、提供舒适的夫妻宿舍等。

对外，靠服务增加客户的黏性；对内，靠激励激发员工的潜能。各位校长做教培行业更应该如此。

究竟该如何激励员工呢？其实激励的方法有很多，例如，给员工购买社保，给员工提供弹性的假期，给员工提供年终奖等，这些都是激励的手段。

而笔者认为，一切可以激发员工状态、让员工往好的方向发展的方法，都可以称为激励。下面和大家重点分享六大常见的激励手段。

一、物质激励——重要但不是唯一的

物质激励往往立竿见影，可以立马见到成效。物质激励要想达到更好的效果，有两个维度是值得校长去思考的。

第一个：看得见，摸得着

学校每个月可以设置月度教学奖、月度招生奖、月度服务奖，而我们可以用“看得见，摸得着”的物质激励作为对应奖品，例如电饭煲、吹风机、暖手宝等。这些让员工“看得见，摸得着”的物质激励往往可以达到更好的效果。校长还可以规定，凡是在学校工作满三年的员工，可以获得55英寸的液晶电视一台，并且在庆功宴上当着所有员工的面把这台电视摆在入职满三年的员工面前，这种物质的刺激更能激励人心。

此外，对于离职员工，也要让他们感受到学校的温暖和关怀。我们可以在员工离职的时候送上一个小礼物，例如印有我们学校LOGO的抱枕或者充电宝。即使它们的制作成本很便宜，但也能让离职员工感到温暖，负能量也能就此打住。

第二个：要么经济实用，要么出其不意

经济实用：例如小的电烤箱、电饭煲、烘干机等，从网上购买价格实惠，员工拿回家可以直接使用。当然，学校也可以专门去印刷有学校LOGO的小粘贴，把学校的LOGO贴在奖品上，也可以把送给员工的一句话贴在奖品上，让员工拿到之后能由衷地感动。

出其不意：例如演唱会的门票或上门按摩的服务。让员工在所有同事面前享受全身按摩，此刻，员工的朋友圈估计都会被刷屏，这就是出其不意。再例如，每到一些大的纪念日，如国庆节、奥运会，很多银行都会发行纪念币。这些纪念币也不贵，大概几百元到一千元不等，而且一套有很多个纪念币，我们可以把这些纪念币一个一个地奖励给表现优秀的员工。虽然单个币的价格就几十元，但纪念意义却远超其价格。

很多校长会认为，不必设置什么物质激励，月度奖励给现金也是一样的。笔者要说的是，这当然不一样，要给员工现金也可以，但是必须让团队把钱拿去花掉，并且让他们拿着购物的报销单来报销。因为重要的不是让员工记住拿钱的感觉，而是让员工记住花钱的感觉。

二、赞美激励——经济实惠但不可滥用

赞美虽然经济实惠但是滥用则会让员工觉得虚伪，要想做好赞美激励也有两个维度。

第一个维度：微信喜报。当有员工表现优秀时，管理者不妨第一时间编写喜报，发送到微信群里，让其他人跟帖以示祝贺。在朗培团队中，微信喜报这一激励文化已经持续了近三年，效果依然明显。

第二个维度：卡片赞美。不知道各位校长有没有尝试过在一张心形的卡片上写一段赞美员工的话，然后在员工上班之前把卡片摆

放在他的工位上。如果试过，你一定会收获满满的感动。我们可以想象一下当员工早晨坐在自己工位上还没有开始工作时，看到一张上司给自己写的满是激励和赞美的卡片，相信他一整天都会充满热情、幸福和快乐。

因此，赞美激励不只是嘴上表扬，而是用更明显的方式去表达，只有这样，员工才会将优秀变成一种习惯。

三、精神激励——有效且不花钱

精神激励更像是一种信仰，一种精神引领，一种工作的灵魂。下面从三个维度来诠释。

第一个维度：榜样激励。我们要为员工树立一个榜样，这个榜样就是他的精神引领人，是他在迷茫的职业生涯中能够看到的一个指向标。我们可以在学校中评选出服务之星、续费之星、招生之星、教学之星等，并且一定要把它做成易拉宝摆放在学校最显眼的位置，这样做不仅可以激励被评选出来的人，还能激励评选失败的人——别人可以我也行，这就是榜样的力量。作为校长，一定要让学校一部分员工先成长起来，从而带动更多的员工成长。

第二个维度：荣誉激励。很多学校都有自己的公众号，我们可以把优秀员工的简历、工作成果等放到公众号上，让所有家长、学员、员工浏览公众号，这样的一种荣誉感会让员工保持源源不绝的动力。在朗培，还有一种荣誉激励的方法，就是别在胸口的司徽，工作两年以内的员工司徽都是铜制的，工作两年以上的员工司徽都是纯银打造的，工作三年以上的员工司徽则是纯金打造的，这样做的目的就是为了让员工有荣誉感。

第三个维度：培训激励。我们都知道，员工愿意在我们的学校工作，一是为了收获自己想要的财富，二是为了得到成长。所以我们可以规定每个月或者每个季度表现优秀的员工有资格参加内部的培训或外部的培训，这也是对员工的激励，因为有很多员工为了得到这样的培训机会，会主动留下来并努力工作。

四、批评激励——巴掌和甜枣并用

前面我们讲过，一切可以激发员工状态、让员工向好的方向发展的方法，都可以称为激励。批评得当往往会促进员工向好的方向发展，因此批评激励也是激励的一种。批评激励分为以下三个维度。

第一个维度：私下批评。对于大多数的批评，我们尽可能地选择私下批评，而私下批评的模式也很简单，并不是打一巴掌再给甜枣，而是用一种“三明治”的方法进行批评。具体的方法就是先表扬员工最近工作中的优点，然后提出工作中的不足，最后再给他加油打气表示对他有信心，即“甜枣”—“巴掌”—再“甜枣”。

第二个维度：公开批评。有时候，除了私下批评，我们可能为了让更多的人不犯同样的错误而进行公开批评。但是笔者在这里提醒大家，要慎重使用公开批评，如果实在要使用公开批评，建议大家使用一种叫作“黑色锦旗”的批评方法。我们知道，锦旗都是红色的，而且只有做到优秀才可以获得锦旗；但是我们偏偏要给最后一名的团队颁发锦旗，只是这面锦旗是黑色的，目的就是督促落后的团队知耻而后勇。

第三个维度：批评式激励。批评永远都是善意的而非恶意的，这是管理者必须要牢牢记住的，在批评过程中一定不能夹杂个人情感和情绪。在有情绪的情况下，请立即停止你的批评，尤其是针对很多 90 后，管理者一定要记住，不要随意宣泄你的情绪，不要让情绪做你的主人。

五、情感激励——用小代价换取人心

第一个维度：关心员工的家庭生活也是一种情感激励。员工的世界里不只有工作还有生活，而生活更多来自家庭。所以，当你关注员工的家庭生活时，就是在用情感带动他的工作状态，包括员工是否购房了、有没有房贷压力、他的爱人是做什么的、最近有没有生宝宝、是不是奶粉钱不够了……其实，有时候员工离职，表面上是对我们的学校不满意，实际上是因为他在生活上有很大的压力，而我们学校没有办法帮助他解压。

第二个维度：记住下属及其家人的生日。也许你只是记住了下属的爱人或父母中某一个人的生日，但就在那一天，你给你的下属发了一个小小的问候，我相信你的下属一定会很感动。

第三个维度：留意下属的牢骚，牢骚的背后就是需求。例如，有一名员工怀孕了，她总是发牢骚说学校的椅子坐着不舒服。如果校长知道了，可以花 20 元给她买一个靠枕，早晨趁她还没到学校就把这个印有学校 LOGO 的靠枕放在她的椅子上。你可以想象一下这个员工会有怎样的感受，如果再在这个靠枕的旁边放上一张卡片，上面写着：愿你是世界上最幸福的准妈妈，这个靠枕送给你，希望你能够喜欢！我相信这样一个靠枕再加上一张小小的温馨的卡片，一定会把下属的牢骚变成动力。因此，请记住，员工有牢骚，就说明我们该对员工进行激励了。

六、压力激励——引爆员工的潜能

第一个维度：给员工一个追赶和超越的对象，我们把这个叫作 PK 管理。PK 并不是大家心中所想的那只老虎，好像很多人都害怕

PK。其实恰恰相反，如果真的想让员工有个好的工作结果，我们除了表扬激励、精神激励、物质激励，还一定要想方设法给他一个压力激励。因为人的潜能在压力之下才能爆发，而压力激励的最好方法就是给他一个追赶和超越的对象，也就是 PK 管理。

第二个维度：给员工制定一个短期的公众展示目标，我们把它叫作“军令状”。例如，我的续费率一定要达到 85%，如果达不到，我就自愿做下蹲 30 个；或者这个月一定要实现一万元的招生业绩，如果不能实现，我就惩罚自己两天不吃肉等公众展示的目标。当着所有同事朗读自己的“军令状”，并且把它张贴在办公室，这样也是给员工一种压力去引爆自己的潜能。

第三个维度：刺激员工的消费需求和欲望。例如，鼓励员工买房、买车。当他买房买车有了贷款，有了生活压力，有了还款压力的时候，他自然而然也就知道了要努力工作，因为只有工作才能够换得自己想要的生活——毕竟有压力才会有动力。

当然，激励手段还有很多，但是无论什么样的激励手段都跳不出三个维度：正激励、负激励和正负激励结合。管理员工到底应该用正激励、负激励，还是正负激励结合呢？我们来看一个案例。

一家学校开展家庭教育讲座，校长专门租了一个酒店的会议室。这个会议室大概能坐 160 人，校长按 80%的到场率计算，要求团队邀约人数要达到 200 人。于是校长就给员工布置任务，十天时间必须要达成 200 人的邀约量，同时设置了激励措施，每到场 1 人奖励 20 元，结果 5 天后总邀约人数不到 50 人。校长于是加大了激励力度，规定凡是按照任务完成的员工国庆节提前 1 天放假。结果又过了三天，人数大约达到了 110 人。还剩下两天的时间，却还差 90 人，校长火冒三丈，继续规定：时间一到，只要有一个员工没有完成邀约任务，全体员工国庆节不放假，加班完成任务再放假。结果意想不到的事情发生了，过了仅仅 1 天，邀约 200 人的任务就完成了。校长很疑惑，激励员工到底该用正激励还是负激励呢？

为什么用了两次的正激励效果都不明显，但是一用负激励效果就如此明显呢？这正如很多家长的疑问：好孩子到底是夸出来的，还是打出来的？把校长的疑问先放到一边，我们先来分析一下家长的疑问。笔者认为，夸出来的孩子其实有可能会出现为别人而活的情绪，会认为自己做这件事情是为了获得别人的表扬。所以，如果大张旗鼓地夸孩子也是不对的，更是不可取的。孩子不是夸出来的，难道是打出来的吗？打出来的孩子往往逆反心理重，这是几乎所有家长都能感受得到的。所以我们最终的结论就是，好孩子不是打出来的，也不是夸出来的。我们应在合适的时候用合适的手段，该夸的时候我们要夸，该批评的时候我们要学会批评，所以夸奖和批评要结合使用。

再回过头来看，员工是该用正激励还是负激励呢？我认为新员工更多的是用正激励；而对于老员工，如一些老油条式的员工，我们应该学会用正负激励交替，有正激励但也一定要有有底线的负激励。对于管理层（如高管、主管、执行校长等）来说，除了使用正负激励交替进行考核，我们还要使用“高压线”，不论是谁碰到这根线，都要受到惩罚。所以我们得出结论：激励员工要善用正激励，慎用负激励。而对于高层管理者要学会使用“高压线”，例如“年终分红高压线”。在全年的工作中，如果你触碰到了这根“高压线”，个人的年底分红就会受到影响。

现在，回到开始的话题，如果招生旺季来了，为了让团队积极地完成招生任务，我们该怎么办呢?

策略有三：

第一，如果我们的团队中有新员工，那我们就要对新员工加强正激励的力度。除了奖金奖励，还可以设计最快出单奖、业绩新人王、最快新人进步奖等，这些奖励可以用“看得见、摸得着”的物质奖励来实现。

第二，对于老员工，我们除了设置正激励，还必须要设置负激励、压力激励。例如，招生人数低于 3 个人时，必须要加班一天完成任务。当然，在这里，笔者要提醒各位校长，负激励就像皮鞭，只有举起来的时候才是最有威慑力的，一旦皮鞭抽在了员工身上，员工就没有畏惧感了，皮鞭也就没有了威慑力。所以我们设置负激励并不是真的要去惩罚员工，而是为了让员工在这种威慑力之下很好地完成任务。

第三，我们还要为市场主管、执行校长、高管等设置“高压线”、“警戒线”。如这一次的招生任务必须要完成 80%，如果未完成任务，年底分红就减少 20%等。

这样一来，校长就可以通过三个策略，在每一次的招生活动来临之前，用正确的激励手段去激励团队、激发状态，从而达到好的招生效果。

1.2 创业式裂变：将员工变为梦想合伙人

案例

一位从学校离职的主管向我口述，他在每一次面对老板时，好不容易鼓起勇气想问的话又被咽了下去，已经不下5次了。每次老板问："什么事？"他通常都会慌忙找另一个借口："有事想请教。"

这一次，他终于问出了口："希望您能考虑提高我的薪水。"话一出口，他立刻感到一种说不出的舒畅。老板显然没料到这种情况，但老板很快就控制住了情绪，而且出乎意料的是，老板当即表示同意，但加薪幅度需要考虑一下。最后，老板问这位主管："你怎么不早点跟我说呢？"时隔一天老板通知他，从这个月起，按他的要求增加50%

的薪水。这是他有生以来第一次，也是唯一一次向老板提出加薪。然而，一个多月后，他辞职了。

老板大惑不解，甚至承诺，如果他还嫌薪水低，可以再加，但他辞职不是因为薪水低。

总有这样的学校，他们极少珍惜已拥有的人才，或者不把自己的人才当成人才，总是羡慕别人家的员工。当失去人才时，才觉得珍贵，才采取措施。“为什么不早告诉我？”他一直在想老板的这句话，是不是他不提加薪，老板就永远不会考虑他的需求。

笔者给这个故事起了一个名字：《加薪了，我却走人了》。

这看上去只是一个薪酬问题，本质问题却是员工没有得到重视，不清楚自己未来的晋升通道。

有一个原理叫作马斯洛需求原理，它告诉我们：人有五层需求。

第一层是生理需求，第二层是安全需求，第三层是情感需求，第四层是尊重需求，而最高级别的需求则是自我实现需求，如图 1-1 所示。

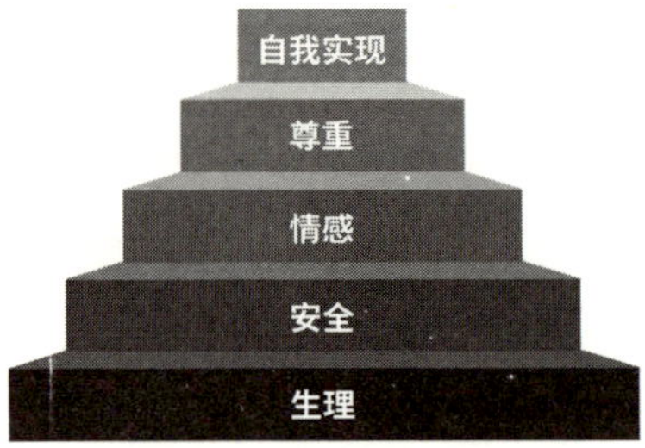

图 1-1　马斯洛需求原理

其实，对于一个员工来说，在学校里工作的最高需求就是想要成为校长，甚至超越校长。所以校长一定要学会给员工一个无限接近你的可能，让员工有一个能够成为你、甚至超越你的晋升通道。那如何才能够给员工一个无限接近你的可能呢？笔者认为，我们可以给员工树立一个将来能够独立运作学校的梦想。其实笔者一直认为梦想未必是用来实现的，梦想可以托起我们的翅膀，确保我们可以快速地飞翔。那如何才能实现让员工得以在未来独立运作学校的梦想呢？

下面看一个案例。

小米手机创始人雷军在《小米生态链战地笔记》中曾写道："小米在短短 3 年的时间里投资了 77 家生态链企业，很多人不禁要问，为什么小米能在短时间内做出这样的成绩呢？答案就是：内部创业式裂变让小米的优秀人才拥有未来能够独立运作企业的梦想。小米首先利用小米手机快速孵化出了大量的产品粉丝，然后再通过内部人才团队的裂变，衍生出了充电宝、电饭煲、空气净化器、插线板等各种各样的产品项目。这里的每一个项目，都由新成立的公司和团队来进行独立运作。于是，小米便有了红米、紫米、青米、创米等各个'米'字品牌。并且，小米生态链企业不是小米的子公司，更不是小米的一个部门，而是属于兄弟公司。这样就在无形中形成了一条生态纽带，将小米的品牌价值无限放大，于是也就有了今天'米'家壮大的局面。也正是因为有了内部的创业式裂变，小米用 3 年时间投资了 77 家生态链企业，其中有 16 家资产过亿，甚至还有 4

家成为了行业内的独角兽。”

小米的案例想必给大家带来了启发。作为校长，也应该给员工一个无限接近你的可能，让他们有独立运作一家学校的梦想。

那么，要实现内部创业式裂变，我们培训机构该如何落地呢？

首先要明确三件事。

第一，对于学校发展来说，什么最重要？是招生、教学，还是服务？作为学校的领头人，校长们只有把这个问题想清楚，我们的学校才会有更美好的未来。它的答案就是——人才，人才对于学校发展才是最重要的。

第二，对于人才来说，他们大多数最看重什么？是看重金钱，还是看重发展空间？我相信，真正的人才更看重的不是眼前，而是未来的发展。

第三，校长能给予员工最好的未来是什么样的呢？应该就是能够独立运作一家学校，去帮员工实现做老板的梦想。

总结一下，首先，人才是学校发展最重要的；其次，人才最看重的是未来发展；最后，校长能给员工最好的未来发展就是能够让他独立运作一家学校。

讲到这里，校长可能要问：让员工独立运作一家学校，那股份该如何分配呢？

这个问题也是内部创业式裂变最核心的问题。

对于股权来说，有两种股是大家耳熟能详的。

第一种叫作分红股，也就是员工只有分红权，没有管理权。

第二种叫作原始股，或者叫作实股，也就是员工不但有分红权，还拥有对这家企业的管理权，同时还拥有股权的继承权、转让权等。

对于想要给予人才未来独立运作学校机会的校长来说，该如何划分股权呢？笔者给大家如下建议。

首先，分红股。

我们可以规定：员工凡是在学校里工作满三年，可以用这三年的工作结果来换取这一家即将独立运作的学校的分红股，最高可以换取 30%，每年大约 10%。但是这要根据员工这三年的工作结果来兑换，也就是说如果工作结果达标，可以换取 30%；如果工作结果不达标，只能换取 20%或者 10%，校长可以根据实际情况设置考核标准。

其次，原始股。

入职三年，当员工的能力达到了可以独立运作一家学校时，我们就可以为这名员工开设一家学校。在开设学校、进行投资时，这位员工可以进行实际投资，这样他就可以拥有这家学校的原始股，我们可以规定投资占比在 20%～30%。

刚刚讲过，员工可以用三年的工作结果来换取 30%的分红股，他还可以拥有 20%～30%的原始股。也就是说，一旦他成了这家学校的执行校长，他将拥有 30%的分红股，加 20%～30%的原始股，那么他最高可以分得这家学校利润的 60%。虽然他只投资了 30%，却可以占有学校 60%的分红股。这位执行校长一定会卖力工作，毕竟就算是自己辞职离开学校，也得找个合伙人，不但自己投资的钱多，而且未必可以拿到 60%的分红。

设问：我给出去 60%，只剩下 40%，那我对这个学校还会有绝对控股权吗？答案是你依然对这家学校有绝对控股权。因为员工的分红股是不需要工商注册的，也就是说，在实际的工商注册的过程中，你依然占有 70%～80%的原始股份，所以这家学校依然是由你全权掌控的。

那又有校长要提出新的疑问了：给了执行校长 50%～60%的分红，而自己只剩下 40%左右的分红，那岂不是亏大了吗？作为校长，眼光要放长远一点。其实，这无非就是你又跟你的合伙人重新开了一家学校，而你占这家学校 40%～50%的股份而已，但关键是你对这家学校完全可以放手，让执行校长去做，这让你变得更加轻松自如的同时，又能对校区控权。最重要的是，你的执行校长虽然占有 50%～60%的股份，但他只占有这一家学校的股份，而你却可以同时占有多个学校 40%的股份。只有这样，我们才可以让员工安安心心地在学校里工作三年，并且去实现自己做老板的梦想，给予其希望与未来，这也是我们对人才最好的回馈。

我们为什么一定要这样做呢？我们为什么一定要把员工的梦想设定为将来可以独立运作一家学校呢？我们为什么一定要用股份来留人呢？

我们从以下三个角度来分析。

第一，行业特点。

对于教培行业来说，人才难招、难留，这已经是公认的事实了。但是反过来，人才对于学校来说又是最重要的，不管是上课、招生，还是服务，都需要有合适的人才帮我们去完成。所以作为校长，想要让学校有一个更好的发展，那就必须要想尽一切办法来留住优秀的人才。

第二，营销局限。

我们都知道，教培行业并不是一个大规模消费的行业，而更像是一个小区域消费的行业。它不像烟、酒、饮料等产品，只需要在媒体上做一个广告，全国 13 亿人就可以知道。对于线下教培机构来说，就算在当地电视台做一个广告，实际影响到的依然是学校周围 3～5 千米内的人群。所以，这样的营销局限让我们很难通过大规模的营销活动，形成一种人人皆知的品牌效应。

那我们能做的，就是在学校周围 3～5 千米内快速地形成品牌影响力。于是，我们需要在 3～5 千米内不断地开设一个又一个的校区，让我们能够在这个范围内形成一种集中性的营销策略。就像 7-11 一样，每隔两条街就可以看到。那我们也完全可以在 3～5 千米内裂变出多个学校，每个学校只做一个项目，例如朗培作文、朗培英语、朗培街舞、朗培拉丁舞、朗培美术等。只有在 3～5 千米的小区域内让家长不断地看到朗培的名字，这个学校的营销才算真正深入人心。

这样一来，我们就需要开设更多小而美的学校，这时，能够独立运作学校的人才就显得至关重要了。

第三，利润思维。

我们都知道，校区越大，房租越高。但是因为一个学校影响的用户有限，所以大校区往往很难装满。因此，我们的学校再大，也无法影响到5千米、10千米，甚至15千米以外的客户。小的学校影响范围在3～5千米，反而更容易装满。所以对于教培行业来说，我们应该学会利用内部创业式裂变，让大校区变成小校区，分而治之。这样做，不仅可以快速地把校区装满，还可以在局部区域形成密集式占领客户的局面。

通过对行业特点、营销局限、利润思维的分析，我们不难发现，民办学校必须要做到快速扩张、不断裂变，发展出一个又一个校区，裂变出一个又一个类似于小米、紫米、红米、薯米这样的“米家”局面，才可以快速地在当地做大、做强，最终形成区域内的品牌校。而我们要这样做，就必然要留下人才，并且快速提升他们的能力，创业式裂变就是我们最佳也是最快捷的途径之一。

有了这么多的裂变校，我们该如何实施统一管理呢？笔者给大家分享五大策略。

第一，人才培训基地。我们要把总部作为人才培训基地，源源不断地向一个、两个、三个裂变出来的学校输送合格的人才。人才在手，才能说走就走！掌握了人才也就掌握了所有裂变校的核心命脉。

第二，教研输出基地。我们的总部要作为教研团队、教研人才、教法、教材输出的重要枢纽，我们要掌握整个生态链学校的教研输出。只有这样，我们才能够把握住每一个裂变式学校的产品核心，让那些别有用心之人没有用武之地。

第三，招生“特种兵”。我们要在总部组建一支具有超强能力的招生“特种兵”。人数不一定多，6 个人、8 个人都是可以的，哪一个学校的招生出现了问题，我们就可以直接把招生“特种兵”派到那个学校进行快速招生。他们也是每个裂变校的最后一根救命稻草。

第四，统一宣传策划。这几家裂变出来的校区之所以相隔不远，而且没有任何竞争关系，是因为项目不一样。有的校区做作文，有的校区做英语，有的校区做奥数，有的校区做街舞，有的校区做美术，项目都是不一样的。所以我们可以在同一个区域内，开设多个创业式裂变的学校，这样我们的总部便可以在这个区域内进行集中性的宣传策划。例如电梯广告、车体广告等，我们只围绕这一个区域进行集中式、轰炸式的统一宣传策划即可。

第五，全面掌握财务。虽然学校是内部创业式裂变，但是作为总部，我们要掌握每一家学校的现金流、业绩、出纳和财务状况。

所以，利用这五大策略——人才培训基地、教研输出基地、招生“特种兵”、统一宣传策划和全面掌握财务，让每一个裂变出来的校区都能够和总部的命运息息相关。可以说，没有总部的支持，裂变式分校就没有了发展的基石和土壤。我们这样做也是为了能够更好地实施统一管理，防止执行校长另起炉灶。只要真正掌控好人才培训、教研输出、招生“特种兵”、统一宣传策划及财务命脉，那我们便能有效避免不良局面的产生。

那应该如何落实内部创业式裂变计划呢？

我们需要先明确全体员工的三年成长规划，为每一位员工都规划好未来方向，并确保他们在未来三年，能够认真忠诚地在我们的学校工作。三年以后，我们再一起让梦想照亮现实。

第一年，梦想期。让员工首先做好基础工作，这个时候员工可能还只是基层员工。

第二年，成长期。员工需要开始尝试基本的管理工作，此时他们的岗位可能是主管。

第三年，扎根期。此时，他们已经开始全面统筹管理，这个时候他们的岗位可能是执行校长。

第四年，收获期。三年成长规划完成后，就可以开始实施内部创业式裂变，让他们成为我们一个又一个新校区的合伙人。针对这样的一个成长规划，前三年显得尤为重要。那如何让员工在前三年能够真真正正地快速成长，最终成为我们的合伙人呢？在这里，笔者给大家介绍一个工具——《校长成长的十大标准》。

我们一起来简单地看一下这个工具，请参见图 1-2 和图 1-3。

能力模型	胜任模块	梦想期 胜任力（第一年）	成长期 胜任力（第二年）	扎根期 胜任力（第三年）
自我管理	情绪管理	正向心态，不传播负能量	敢于当面制止传播负能量者	能用正能量影响身边的员工
	执行管理	主动、自觉、高效地完成本职工作，服从管理	主动配合和支持管理,确保本职工作完成的数量和质量	会管理、懂管理，并高效完成本职工作，能够主动找事情来做
	时间管理	尽量克制请假、迟到次数	每月请假不超过1天，迟到不超过2次	全年请假不超过3天，迟到不超过3次
	责任管理	不找借口、主动承担责任	承担责任的同时快速改变，并积极弥补问题缺口	做责任终止者，并能够自我检查、自我批评、自我修正
	信念管理	相信自己，相信学校，90%的内驱力成长自己	99%的内驱力成长自己，并让亲人都知道自己的三年规划	100%的内驱力成长自己，主动让亲人、朋友等监督自己的成长计划
盈利运营	招生心态	坚定招生是自己成为盈利校长必需的内容	不再抗拒、畏惧招生，而是敢于面对，并从中学到学校盈利模式	坚定地贯彻招生手段、方案，并和团队一起调整、优化（方案、话术、演练、执行）
	招生结果	完成每次招生任务既定目标的75%及以上	完成每次招生任务既定目标的90%及以上	完成每次招生任务既定目标的100%及以上
教学培训	授课能力	孩子喜欢、家长信任，没有任何投诉和退费现象	孩子喜欢、家长信任，愿意为老师做转介绍	成为品牌教师，出现家长排队缴费上该老师课的现象
	研发能力	按照要求备好课，并做出完整的授课课件	做出可复制的、标准化的授课课件	制作的课件值得全体老师学习、借鉴和使用
	培训能力	具备简单的培训意识	能够针对小版块课题进行全员培训	能够针对课程体系完整、准确、自如地进行全员培训
服务续费	服务数量	每月与家长沟通至少一次，每次不少于5分钟	每月与家长沟通至少2次，并总结出可复制的沟通话术	每月与家长沟通至少2次，并针对沟通话术及策略进行修正
	服务结果	续费率不低于80%	续费率不低于90%，转介绍率不低于10%	续费率不低于90%，转介绍率不低于30%
带新能力	带徒结果	愿意分享自己成长的经验、案例等	所带徒弟离职率低于80%，并在半年内带出1名合格的徒弟	所带徒弟离职率低于90%，并在半年内带出2名合格的徒弟
单项技能	咨询谈单	熟练谈单技巧和话术，敢于谈单， 并填写谈单表	熟练谈单技巧和话术，根据谈单表跟进，成功率不低于60%	主动谈单并进行持续跟踪，谈单成功率不低于80%
	教务安排	服从学校的教务安排，并理解教务工作	愿意兼任教务工作，并学习教务流程及技能	能够熟练胜任教务工作，优化学校教务流程
团队管理	管理能力	能够服从管理、并懂得理解管理者的思维	逐步学习管理知识，并作为组长进行小团队的管理和实践	时刻以大局出发，站在学校的角度思考问题和进行管理，逐步过渡大团队管理实践
问题处理	疑难问题	不给学校制造问题、麻烦，并尝试学习处理问题	站在学校和领导的角度看待问题并积极配合处理问题	能够用校长的标准要求自己，并全程自行处理和解决问题
个人魅力	魅力校长	注重自己的一言一行，塑造自己的个人形象	注重说话、沟通、做事的技巧，不斤斤计较，懂得感恩	用大爱、格局、奉献精神来引领自己的行动
销讲能力	销售讲课	能够熟练地召开家长会，并敢于让家长续费	进行10～20人的新招会议营销讲课及家庭教育讲座3次以上	进行80～120人的新招会议营销讲课及家庭教育讲座2次以上

图 1-2 《校长成长的十大标准》标准细则

能力模型	课程类学习推荐	书籍类学习推荐
自我管理	《员工自我管理——心态动力训练营》 《卓越团队高效执行力》	《你在为谁工作》作者：陈凯元 《自我管理七日修炼》作者：成刚 《合伙人》作者：张笑恒
盈利运营	《半年实现0～300人的新校、老校运作》 《超常规整合营销》 《金牌会议营销》 《金牌市场主管》	不推荐看书，重要的是实战
教学培训	《精英教学主管十项修炼》 《学校如何快速做出可复制的独立产权的教学体系》	《Slide：Ology》（演示论） 作者：Nancy Duarte
服务续费	《全员病毒式营销》 《请这样服务家长——让续费达成120%》	《客户忠诚的秘密》作者：吴宏晖
带新能力		《新领导力：由教训型到教练型的经理人》 作者：陈朝益/王成 《从教练到唤醒者》作者：罗伯特·迪尔茨
单项技能	《金牌咨询师》 《金牌教务长》	《NLP超强沟通术》作者：加藤圣龙
团队管理	《卓越校长管理智慧营》 《校长薪酬指挥》	《给你一个团队，你能怎么样》作者：赵伟 《一页纸上的管理哲学》作者：胡景天
问题处理	《新媒体营销》 《品牌魅力校长塑造》	《管好员工就用这几招》作者：谢国计
个人魅力	《职场成功学》 《品牌魅力校长塑造》	《悦纳自己》作者：景跃军
销讲能力	《Opp课堂讲师训练营》 《家庭教育指导师系列认证》	《大师是怎样炼成的》作者：夏普宇

图 1-3　《校长成长的十大标准》学习推荐

它横向分为三年，第一年为梦想期，第二年为成长期，第三年为扎根期；纵向分为了十个模板，也就是十个成长的标准，在每一个标准里面，又有几条小的内容。这里我们简单地介绍一下：第一，自我管理，自我管理又分为情绪管理、执行管理、时间管理、责任管理和信念管理；第二，盈利运营；第三，教学培训；第四，服务续费；第五，带新能力，也就是师带徒的能力；第六，单项技能，包含咨询谈单、教务安排；第七，团队管理；第八，问题处理；第九，个人魅力；第十，销讲能力，就是销售讲课，例如公开课、家长会、家庭教育讲座等。

以第一个标准——自我管理为例，它包含情绪管理、执行管理、时间管理等，下面我们来具体分析一下。

关于情绪管理，员工这三年分别有怎样的成长要求呢？第一年，要有正向心态，不传播负能量；第二年，要敢于当面制止传播负能量者；第三年，要能够用正能量影响身边的员工。

关于执行管理，员工这三年又有怎样的成长要求呢？第一年，要主动、自觉、高效地完成本职工作，服从管理；第二年，主动配合和支持管理，确保本职工作完成的数量和质量；第三年，会管理、懂管理，不仅能高效完成本职工作，还能在完成本职工作之后，主动找事情来做。

关于时间管理，这三年的具体要求是：第一年尽量克制请假迟到的次数；第二年每月请假不超过 1 天，迟到不超过 2 次；第三年全年请假不超过 3 天，迟到不超过 3 次。每一年的要求都在逐步提高，并且可以直接进行量化考核。

再比如，关于服务续费，其具体要求是第一年续费率不能低于 80%；第二年续费率不能低于 90%，并且转介绍率不能低于 10%；第三年，续费率不能低于 90%，转介绍率不能低于 30%。每一年对能力的要求都有所提高。

我们需要让员工清清楚楚地看到自己在学校未来三年的成长目标、任务和规划，并可以让他们通过三年的成长换取30%的分红股；在开设新校区的时候，只要他们能力达标，工作成果达标，就可以参与新校区原始股20%～30%的投资。也就是说，三年以后，他们可以实实在在地通过努力开设一家分校，并拥有这家校区 50%～60%的分红权。更重要的是，总部还可以向他提供人才、教研、项目产品的支持，以及统一的宣传策划，甚至还可以派出招生“特种兵”，帮他快速装满校区。

所以，聪明的员工此时更愿意选择内部创业式裂变，成为我们的合伙人。只要这个梦想达成，我们的校长便可以不费吹灰之力，聚集大量有志向、有能力的优秀人才，那我们就可以快速地裂变出一个、两个、三个、五个乃至越来越多带有我们学校烙印和品牌的裂变校。

而在这些学校的背后，最大的掌控者就是校长。

那么，落地《校长成长的十大标准》有哪些注意事项呢？

第一，政策宣导。首先要把我们的政策宣导带给每一位在职的员工，让他们重新树立自己未来三年的梦想。

第二，针对性的培训。员工的成长需要校长的帮助。我们光有十大标准还不够，还要有针对性地对员工进行培训。

第三，量化考核。《校长成长的十大标准》发布之后，要按照季度和年度对员工进行考核。只有这样，三年之后，我们才能知道每一个员工该拿多少分红股，是否有资格投资原始股，能够投资多少等。通过量化考核，我们才能够得到一个清晰的标准。

最后，再次回到开头的案例。那位离职的主管，最终不是因为薪酬而离职的，而是因为校长没有设计好员工的成长路线，让他觉得在学校里没有得到重视，他更没有看到未来和希望。如果我们利用《校长成长的十大标准》，利用创业式裂变的思路引领员工，我相信就算没有给那个主管加薪，那个主管也一定不会轻易离开学校，毕竟他在这里有属于自己的梦想。

1.3 新人到底训什么

很多校长都在倒苦水：现在的人太难招了，人才更难招。要么是学校招不到合适的人，要么是招来的员工总做不了多久就离职了。学校浪费人力、物力、财力不说，更重要的是学校的发展总是因为人才的流失而严重受阻。针对这一现象，很多校长都手足无措，我们到底该如何应对呢?

下面我们就通过“新人到底训什么”这样的一个主题来和大家聊一聊学校新人招聘和培训的事。

说到招聘，校长们首先要认清一个事实：现在招人难，是因为人往高处走，水往低处流。教育类机构本身在各种企业中就无足轻重，很多优秀人才都流向了大企业，导致像中小型学校难以直接招聘到优秀人才。

所以我们必须要转变思维：我们的学校不是招聘人才的地方，而是培养人才的地方。我们招来的都是人手，我们得想办法把人手变成人才。那么，要想把人手变成人才，我们就需要一个能够做到这一点的校长。

人才永远是学校的第一基因，永远是学校发展的核心，学校遇到的所有问题，几乎都是人的问题。那我们到底该如何去招聘人，把人留下，并把人培养出来呢？接下来，我们讲一讲人才招聘的三部曲：第一步，收集简历；第二步，科学面试；第三步，有效培训。如图 1-4 所示。

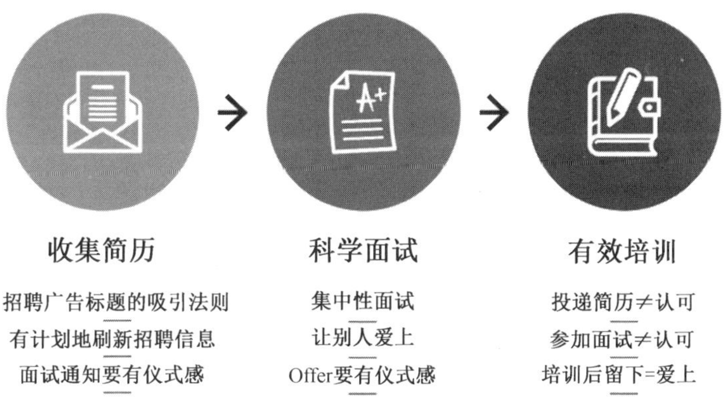

图 1-4　人才招聘三部曲

对一个学校来说，这三步是最简单、最直接的招聘方式，这样做可以把复杂的问题简单化，把简单的问题极简化。下面我们一起来具体分析一下这三步。

第一步，收集简历。这一步有三大要求，下面就一一为大家说明。

首先，我们发布在网站上的招聘广告标题要遵循吸引法则。

说到这里，大家不妨先来回忆一下接过别人递过来的宣传资料的经历：当我们拿到这份宣传资料时，大概用几秒钟的时间来决定是继续读下去还是把它丢掉呢？答案是显而易见的，也许最多 3 秒钟。我们一看，宣传资料是关于健身的，我不需要健身，那就把这个资料丢掉了。我们再一看，宣传资料是解决不孕不育的，这个我也不需要，肯定又丢掉了。不管是什么宣传资料，只要在 3 秒钟内能够吸引我，我才有可能读下去，否则这个宣传资料就会被丢在一边。其实我们在网站——不管是 58 同城、赶集网还是智联招聘等——把招聘信息、招聘广告发布出来时，也要关注标题是否符合吸引法则。

我曾经做过功课，看过很多校长在招聘网站上发布的招聘广告，标题都千篇一律——高薪诚聘老师、急聘老师等。这样的标题和广大竞争对手的没有任何区别，自然也就无法吸引更多的求职者点开我们的招聘信息，更别说让他们把简历投递给我们了。大家思考一下吸引法则，就会把招聘信息的标题做一些升级。例如，把“高新诚聘”、“急聘老师”的标题更换成类似“我们学校招的不是打工者，而是梦想合伙人”这样的标题，这样会更容易吸引人点击广告和投递简历。这就是我们要讲的第一个收集简历的维度，叫作招聘广告标题的吸引法则。我们要想办法让别人在 3 秒钟内就有点开招聘广告的欲望，并有投递简历的冲动。

其次，有计划地刷新招聘信息。

有经验的校长都知道，把招聘广告发布在网站上之后，如果不定期进行刷新，那么发布的内容就会逐渐被别的企业的广告推到后面。如果一段时间不刷新，招聘广告可能会在第 100 页、第 200 页、第 300 页，甚至更靠后。校长们有没有想过，在百度上搜索一个信息，我们一般有耐心看到第几页呢？是第 2 页还是第 3 页？所以要定期地刷新我们的招聘信息和招聘广告，让招聘广告保持置顶。这样才会有更多的人看到我们的招聘广告，也才会有更多的人投递简历。

那么，应该在什么时间刷新呢？是每周刷新一次，还是每天刷新呢？当然，在有条件的情况下，我们有计划地每天刷新最好。在几点刷新效果比较好呢？通过对大数据的研究笔者发现：上午的 10～11 点、下午的 3～5 点和晚上的 10～11 点，这三个时间段会有大量的求职者点开招聘网站找工作。所以每日刷新就要集中在这几个时间段，一旦刷新完成，就刚好迎来了求职者上网找工作的高峰时间。抓住这个时机，就会有更多的人看到我们的招聘信息和招聘广告，我们自然也就有机会收到更多的求职简历。

最后，面试通知要有仪式感。

当发现了合适的人选，想邀请他来公司面试，我们就需要发出通知。据我所知，大多数的学校都是让前台或人力资源部打电话进行通知的。但是我认为只打电话还不够，所以收集简历的第三大要求就是面试通知要有仪式感。我们打电话的时候，最好再加上这个求职者的微信好友，用更加具有仪式感的方式来通知面试。例如，直接在微信上发送 PDF 格式的电子版面试通知，甚至还可以发送类似易企秀这种形式的更高端的面试通知。在易企秀里，我们可以展示学校的照片、活动、学校文化、团队故事等，让我们的求职者能够更直观地感受到这个学校的魅力，这样他来面试的概率才会更大。

最后，我们一起来回顾一下收集简历的三大要求：第一，招聘广告的标题要有吸引力；第二，有计划地刷新招聘广告；第三，面试通知要有仪式感。只有通过投放更多的招聘广告、筛选更多的简历，我们才能够真正做到浪里淘沙，淘到我们需要的、与岗位匹配的人才。

第二步，科学面试。这一步也有三大要求，下面一一为大家说明。

首先要采用集中面试。

分散性的面试会消耗管理者大量的工作时间和工作精力。因为求职者上门面试的时候，管理者不管手头有什么样的工作，都必须停下来去面试。所以我们首先应该有一个清晰的人才储备计划：学校这半年需要多少个老师，需要多少个教务人员，需要多少个市场人员……这些都要提前做好规划。利用一个月的时间，集中性地发布招聘广告，拿到大量的求职简历，然后展开集中性面试。等人招来了，剩下的时间就可以集中精力开展工作了。我们需要结合人才储备计划，采用集中性面试的方法。

其次，面试的目的永远不是为了淘汰别人。

面试不是为了淘汰求职者，而是为了让求职者能够爱上我们。

让他们爱上管理者、爱上学校、爱上企业。很多校长面试时往往都会和求职者做各种各样的交流，结束之后，如果觉得这个人不适合，就把他淘汰掉；如果觉得这个人合适，就把他留下来。那么，各位校长有没有想过，在选择的过程中，大家是怎么来取舍的呢？淘汰掉的求职者是你喜欢的，还是你不喜欢的呢？大多数的校长淘汰的都是他不喜欢的求职者，留下的都是他喜欢的求职者。那么，我要问大家，你是喜欢上别人了，但别人喜欢上你了吗？是喜欢我们的人会对我们好，还是我们喜欢的人会对我们好呢？答案是显而易见的，喜欢我们的人才会对我们好。但是校长选的都是你喜欢的人，也许你没有喜欢上的那个员工，恰恰是喜欢你的，结果你却把他淘汰了。

所以我们面试的时候，尽可能不要淘汰人，我们把准备淘汰的人放在“新兵训练营”，也就是新人培训的过程中。我们面试，尤其是初次面试，只有一个目的，就是想办法让求职者爱上我们，让他们想要来我们学校工作。当所有的人都爱上我们了，愿意来工作了，我们再从爱我们的人里面挑选你爱的人。只有这样，我们才能够真正留下那些能和我们长久走下去的人才。

总之，以前面试的时候，我们可能犯了一个逻辑上的小错误，把不喜欢的求职者淘汰了，留下了喜欢的人，但是我们却没有考虑过别人喜欢上我们了没有。所以在初次面试时，不要急着淘汰人，而是先让求职者爱上我们，爱得越深越好。

最后，Offer 也要有仪式感。

在我们进行了初次面试、二次面试、三次面试后，如果别人还依然爱我们，且爱得死去活来，我们就要让他们参加我们的入职培训了。这个时候，我们首先要发出 Offer，当然 Offer 也要有仪式感。我们同样需要添加他们的微信好友，发出正式的录取通知。我们可以用易企秀的形式，把 Offer 发送给通过面试的新员工，让他们体会到一种仪式感、尊重感、荣耀感。我们科学面试的目的就只有一个，那就是“爱上”。只有让员工爱上我们，他才愿意死心塌地地加入我们，死心塌地地和我们一起追逐教育的梦想。

第三步，有效培训。

当新员工加入学校后，我们需要对他们进行入职培训。为什么要对员工进行入职培训呢？其实，员工投递简历，并不意味着他已经认可了我们的学校，而只是他需要一次面试机会；员工来参加面试，也不意味着他已经认可了我们的学校，他只是需求一份工作而已。然而，很多学校是没有入职培训的，员工投递了简历，通过了面试之后就入职了，这样是有风险的。因为员工投递简历并不意味着认可学校，参加面试也不意味着认可学校，但他却入职了，这样一来，也许三周、三个月、五个月后，他就悄无声息地离职了。所以，进行入职培训的一个重要目的，就是考察员工到底是不是爱上了我们。有的员工会在入职培训期间离开，这其实一点都不可惜。只有那些进行了有效培训之后，依然愿意坚持留下来，并签署工作协议的员工，才是真正爱上我们的员工。所以我们必须要在员工入职之前，进行有效的入职培训。

新员工的入职培训到底该训什么呢？笔者认为，以下几个内容是必须要与员工一起分享的，如图 1-5 所示。

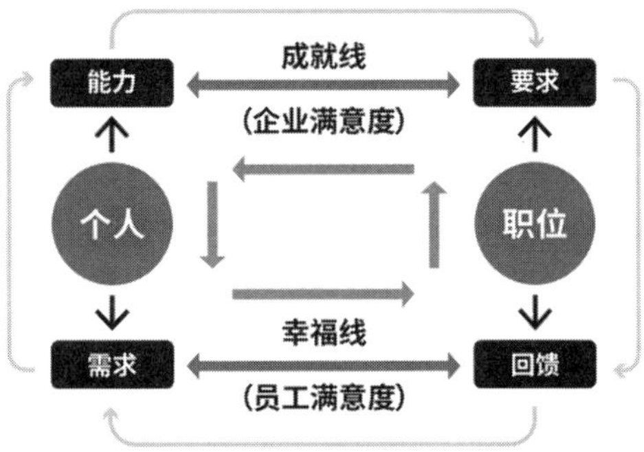

图 1-5　新员工培训模块一：人职匹配模型

什么叫作人职匹配模型？简单来说，就是为新加入的员工做一个职业规划，让他们清楚地知道他们在学校里，0～3 年是什么样子，3～5 年是什么样子，5～8 年又是什么样子。让他们坚信在我们学校里，他能够从 1～3 年，5～8 年，甚至长久地干下去。接下来，我们就具体了解一下人职匹配模型。

人职匹配模型，分为了个人和职位，“人”指的是个人，也就是我们的员工；而“职”指的是职位。人有能力，同时也有需求。人从一出生就有吃奶的能力；到 1 岁、到 2 岁，我们有走路的能力、有说话的能力；当我们到了读书的时候，我们有记忆的能力；当我们到了大学，我们有社会实践的能力；当我们到了工作岗位，我们有各种各样的沟通、解决问题的能力。人是有能力的，但同时人也是有需求的。我们在学生时代的需求是要考一个好成绩，我们在工作时代的需求是要能够过上好一点的生活。当我们到了中年，需要的是能够养得起孩子，能够赡养得起父母，买得了车，买得起房。所以人随着时间的推移、年龄的增长，能力在增长，需求也在增长。从工作层面来看，职位对每一个人也是有要求的。例如，老师的职位是要求老师要会授课，要让孩子喜欢、让家长信任，要让孩子的成绩有所提升。相应地，当你达到了职位的要求，职位会给你回馈，你会加薪、升职。

接下来，个人和职位是如何进行匹配的呢？我们先来看能力和职位的要求。当每一个人的能力能够满足所在职位要求时，就会有一种成功感、成就感，我们把这种个人能力和职位要求的平衡叫作成就线，也可以叫作成功线。当我们的能力满足了职位要求时，职位又会给我们一定的回馈，而这个回馈又恰好能够满足我们个人的需求，那就达到了回馈和需求的平衡，可以叫作幸福线，也可以叫作员工满意度。以上描述的就是一个完美的人职匹配模型，当这个模型达到完美匹配时，员工就会长久地在我们的企业、学校里工作下去。而离职的员工，则是因为这两条线中的其中一条或两条出现了问题。

在这样的人职匹配模型中，新入职的员工到底是应该先平衡成就线呢，还是先平衡幸福线呢？再说直白一点，新入职的员工是通过需求找工作呢，还是通过能力找工作呢？大家不妨先思考一下：你们认为应届大学生或者刚毕业不久的人，又或者是刚加入我们这个行业的新人，应该基于需求找工作，还是基于能力找工作呢？在这里，还要和大家分享一个案例。曾经有一个大学生，跟笔者互动的时候这样说过："刘老师，我找工作很难，你能帮我吗？"我问他想找什么样的工作，他说第一个要求是位高权重、责任轻；第二个要求是钱多、事少、离家近，数钱数到手抽筋，睡觉睡到自然醒。当他说完之后，现场所有的学生都认为他疯了。我笑而不答，和现场 200 多个应届大学生一起，为他在我们的某招聘网站上找工作，找了一圈真找到了一个，职位是世界 500 强的 CEO，要求有 20 年的工作经验。我问他能满足要求吗？他说自己满足不了并把要求降低了，钱多、事多、离家远也可以。我问他钱多的标准是什么？他说年薪 50 万元吧。然后我们又给他找工作，我们找到了保险集团总监的岗位，符合他的要求，年薪 50 多万元。但是要求必须要有 8 年保险管理者的经验，我问他满足要求吗？他说自己满足不了。我说那怎么办？他说他再降一降需求。于是他的标准连续降了 6 次，降到最后，他说："刘老师，我要求不高，只要能活下来就行。"是的，这就是很多应届大学生和新人找工作容易犯的错误——用需求找工作。

我们的新员工应该在毕业的时候，通过自己的能力去找工作：有什么样的能力，就先去找一个什么样的工作；我会干什么我就先干什么。也就是说，我们在人职匹配模型的第一个阶段，在 0～3 年阶段，是从能力出发去找工作，我们称其为外环策略。例如，我会教课，那我就去找老师的工作；我会接待，那我就去找前台的工作；我会沟通，那我就去找销售的工作。所以，一定要从能力出发去找工作，然后再从能力到要求，当我们的能力满足了职位的要求之后，职位也自然会给我们回馈。不管是 2000 元、3000 元、5000 元还是 8000 元的月薪，至少是用自己现有的能力换来的。你能拿 2000 元就过 2000 元的生活，你能拿 5000 元就先过 5000 元的生活。但你在这个时间段，还需关注自己能力的提升，例如你的月薪是 2000 元，你就只花 1800 元，留下 200 元来提升你的能力。这就是新人加入一家新企业的第一个阶段，叫作职业前期。0～3 年这个阶段，我们是从能力出发找工作，然后换来回馈，在满足当下需求的同时提升能力，并且保持能力的不断提升，直到可以符合更高职位和岗位的需求。

三年之后，你可能是 25 岁、27 岁或 30 岁，要结婚生子，要买车买房，你的需求在慢慢增加。这个时候该怎么办呢？是不是该跳槽了？跳槽是错误的，这时我们应该使用内环策略了。既然已经通过 0～3 年的时间提升了自己的能力，那么现在就应该反过来，看看现在的需求是什么。也许你一个月需要的不再是 3000 元，而是 5000 元，因为要还车贷和房贷了；也许你一个月需要的不再是 5000 元，而是 8000 元，因为要结婚生子、换车换房。那我们就从需求出发，来看看公司里的哪一个岗位是可以给我们提供 5000 元或者 8000 元月薪的。也许你现在只是一个小小的前台，只能拿 3000 元，但是你想要拿 5000 元、8000 元。你发现，做老师带够 5 个班就可以拿到 5000 元，做销售人员一个月招 10 个学生就可以拿到 8000 元。那么，做老师有什么样的要求？做销售人员又有什么样的要求？你现在的能力可以满足这个要求吗？如果不满足，你就去提升自己的能力，通过提升能力，匹配这个职位的要求，最后获得自己想要的回馈，满足自己的需求。内环策略又叫作职业中期策略，在 3～8 年这个阶段，你需要从需求出发，从企业内部寻找，什么样的岗位可以满足自己的需求，同时去了解这个岗位有什么样的要求，按照这个要求去提升自己的能力，最终来满足自己的需求。

最后，进入第三个阶段，叫作职业后期，也就是工作了 8 年以上的这个阶段。这个时候我们要做的是：把一天的时间分为 3 个 8 小时。第一个 8 小时叫作工作的 8 小时，第二个 8 小时叫作吃饭、睡觉、休息的 8 小时，第三个 8 小时叫作工作外的人生 8 小时。我们需要做的就是在第一个工作的 8 小时，使用外环策略，让自己能够活下来；在工作、睡觉以外的第三个 8 小时，使用内环策略，不断提升自己，让自己活得更好，这又叫作内外兼修的策略。

说到这里，各位校长想必已经了解了，在新员工入职以后首先要为他们进行职业规划，告诉他们在学校里，0～3 年这个阶段他们要使用外环策略，3～8 年这个阶段他们要使用内环策略，而 8 年以上这个阶段他们就需要使用内外兼修的策略。这样他们才能够越走越好，越走越稳，越走越辉煌。

当然，新员工的培训模式，不只有人职匹配模型，接下来和大家分享第二个新员工培训模块：职业回馈模型，如图 1-6 所示。

图 1-6　新员工培训模块二：职业回馈模型

也许大家注意到了，在谈到人职匹配模型的时候，我们反复用到了一个很专业的词语，叫作回馈。接下来，我们就可以谈谈职业回馈模型。马斯洛原理告诉我们，人的最高追求是自我实现，而工作上的自我实现就来自职业回馈，因为它可以给我们成就感、价值感，也可以给我们想要的升职加薪的机会。

一说到职业回馈，可能大多数的校长和员工都会想到钱，其实职业回馈包含了三部分：**职业回馈=钱+发展空间+情感**。这个公式里重要的一点就是,职业回馈有一个总量守恒的定律。简单解释一下，就是如果一个岗位的薪酬特别多，那么这个岗位的发展空间和情感可能就会比较少；反之，如果情感给得比较多，那么可能薪酬和发展空间就比较有限。总之，有一项多，就会有一到两项偏少，因为职业回馈的总量一定是守恒的。

我们来看一些具体的例子，在我们生活中，有哪些岗位薪酬特别多呢？例如空乘、模特、演员、运动员。但是大家也不难发现，他们的晋升空间和情感特别有限。空乘一天在空中要飞行十几个小时，不能用手机，甚至谈恋爱都很困难。至于发展空间呢？不管是模特、演员还是空乘，能够有晋升机会的，那更是少之又少。所以虽然这些岗位看上去工资高，但是发展空间和情感特别有限，人生往往也不太受自己掌控。那么反过来看，什么是发展空间给得特别大，但钱和情感可能暂时是比较少的？例如我们学校里的一些销售人员、老师、技术人员、管培生等，这些岗位有着无限的发展空间，但是短时间内，可能工资不会特别高，得到的情感也不会特别多，可能随时需要加班，可能每周的休息时间达不到两天，但是这样的岗位却可以让我们把人生的发展机遇牢牢地握在自己的手中，让我们有足够多的上升机会。最后还有一类是情感给得特别多的，例如公立学校的老师、公务员、国企员工等，但是他们的晋升机会非常渺茫。并不是所有的公务员都可以晋升为科长、厅长甚至市长；不是所有的老师都可以晋升为教研主任，晋升为学校的校长；也不是所有的国企员工都可以晋升为主管、经理甚至总经理。虽然公立学校的老师，有几个月的带薪休假时间，国企员工和公务员也有各种很丰厚的福利，但是他们的薪酬和发展空间却很有限。这就是职业回馈的总量守恒定律，这些例子告诉我们，什么样的工作才是值得选择的。

所以，当新员工要选择自己的人生时，我们应该建议他们选择自己能够把握的人生，选择发展空间更多的职业，如销售人员、老师、管培生等。我们在培训中也要通过这样的职业回馈模型，告诉新员工：并不是考了公立学校的老师、考了公务员、做了国企的员工就是成功，真正的成功是把自己的发展空间牢牢地握在自己的手中，让自己的人生有无限可能。

还有一点值得一提，在工作中我们不难发现，有不少人喜欢跳槽，因为一跳槽，工资就会涨一点。说到这里，就不得不给各位校长一个建议：在新员工培训的时候，有一句话一定要告诉新员工，让他们形成一个认知：跳槽的本质是拿发展空间和忠诚换取暂时的钱而已。也就是说，当我们跳槽到另外一家学校时，我们在这个新东家，也就是新校长面前，就已经不是忠诚的人了。没有发展空间，又没有办法给你足够多的情感，能量又得守恒，那就只能多给你一点钱，用每个月多200元把你留下来。跳槽的员工没有想过的是，如果自己再坚持一下，那么在老东家面前，至少自己是忠诚的，将来可能会有无限的发展空间。也许再过半年，你就要升职加薪了，结果你却耐不住寂寞离开了。所以这就是跳槽的本质——拿发展空间、忠诚换暂时的钱。

最后，再一次回到前面的案例。很多校长倒苦水说招不来人、留不下人、找不到人才，其实是因为我们招聘的三个步骤错了。第一步是收集简历，我们要收集大量的求职简历，要有大数据的思维。第二步是科学面试，我们面试不是为了淘汰人，而是为了让求职者爱上我们。第三步是在员工入职前，一定要进行有效的培训，对员工的职业规划进行梳理，让那些真正爱上我们的人留下来，淘汰那些没有真正爱上我们的人。只有这样，我们才能够真正解决好人的问题、人才的问题。

1.4
别让企业文化毁了学校的未来

各位校长，你是否遇到过下列情景：

一天的晨会开始了，在校长宣读完工作计划和例行事项后，团队成员们围成一个圈，将右手放在一起加油打气。

“我们的目标是做中国最好的教育，我们要让孩子快乐学习，我们的服务要让家长心服口服，我们的咨询要让客户难以拒绝。一二三，加油，加油，加油！”声音洪亮，气吞山河。

这样的团队看上去非常厉害，可是接下来的鼓掌本应整齐划一，却由于大家加油完后各自散去，而变得稀稀拉拉。团队一下子像泄了气的皮球一样，朝各自的工作岗位拖拖拉拉地走去。

这就是一个教育机构普通一天的开始。

为什么前后会出现如此大的反差？为什么加油打气之后，员工本应斗志昂扬地进入工作状态，却个个像泄了气的皮球？

哪里出了问题？是人出了问题，还是团队出了问题？是学校方向出了问题，还是企业文化出了问题呢？

下面进入我们的主题。

首先，我们来梳理一下学校企业文化的两个方面：

（1）企业文化是为谁制定的？

（2）制定的目的是什么？

作为学校的掌舵人，我们为企业文化考虑了多少？

一、企业文化是为谁制定的

很多校长或许都有这样的观点："企业文化当然都是为员工制定的，目的就是为了让员工能和公司一起奋斗。"这句话虽然对，但不够精准、不够细致。

试问，学校的企业文化，是你自己想要的，还是真正从员工的角度出发而让大家都能接受的呢？换言之，这个企业文化是否是校长自我感觉良好，但员工却不认同的呢？

二、制定的目的是什么

要知道，**建立企业文化的目的**是让员工拥护、支持企业。如果企业文化和员工没有什么关系，谁又会真正支持呢？这样的企业文化，最终是否形同虚设呢？我们的企业文化中，到底包含了多少能够和员工共鸣的东西，能够让员工自然而然地喜欢和接受？

如果做不到和员工共鸣，让团队接受，而只是一味地强调学校要成为什么样，员工要为学校付出多少，应该如何去工作等，那么最终企业文化就会变成空喊的口号。

企业文化不能是空谈，不能是口号，更不能是洗脑，否则这样的企业文化会毁了学校的未来。

说了这么多，那么到底什么是企业文化？

企业文化又称为组织文化，是一个学校（尤其是创始人或现任领导人植入的）价值观、信念、仪式、符号、处事方式等组成的特有的文化形象。简言之，就是学校现阶段所创造的具有自身特色的精神财富和物质形态。

也许有很多校长觉得，这个定义太理论化、太空洞。我们用一个更形象、更具体的表述来解释一下学校的企业文化，那就是家文化、爱的氛围、幸福感的营造。

为什么这样定义？因为教培行业本身就是第三产业，也是服务业，企业文化应该由内而外地散发出来，让每一个员工，让我们的客户感受到。

请大家记住一句话：**感觉比语言快十倍**。

为了更好地说明这一点，给大家分享一个例子。

其实，很多年轻人都会遇到这样的场景：

早上电话铃响了，你从被窝里懵懵懂懂、懒懒散散地伸出手，摸到床头的电话，“喂，你还没起床啊，太阳都晒到屁股了，这样的生活习惯怎么能行？还好是我给你打电话，要是你的学生家长给你打电话，听到你的声音会怎么想？要是你的学生呢？他又会怎么想？你这不是误人子弟吗？还好是老妈我给你打的电话……”你莫名其妙地就被老妈数落了一顿。

工作中也有类似的经历。你给客户打电话，才“喂”了一声，可是对方已经感觉到了，我们的状态已经完完整整地传递到了电话对面，传到对方的脑海里。**所以在教育行业里，真正的企业文化不是我在做什么、怎么做的，而是我们的客户能感受到什么。**

为了提升客户的体验，校区应该做什么？怎么样去放大客户的感受？在放大之前，校区团队本身是否已经融入了这样的感受？当大家在思考这几个问题的时候，你不妨在脑海里再次感受一下这句话——感觉比语言快十倍。

再给大家讲一个真实的案例。

美国一家世界级医院集团的一位已退休CEO，在回忆录中提到了一个非常有趣且独特的企业文化，让我印象深刻的是他们医院特有的滑步舞。

在这家医院进入成长期后，随着医术水平的提高，知名度的上升，患者逐渐增加，医院大厅也开始出现了排队的现象。但这导致大厅环境卫生不佳，患者就诊体验变差的状况。医院的行政、护理、后勤等部门都一筹莫展。这家医院的CEO决定亲自出马，到现场去了解一下情况。

他来到医院大厅，看到患者排队是有序的，员工之间的分工是明确的，没什么大问题。可是时间一长，大厅地上难免会出现一些不经意落下的垃圾、纸屑。由于保洁负责的范围广，不可能做到垃圾随时清理，而零星的垃圾会由于清理工作的滞后产生“破窗效应”，人为扔垃圾的现象随之出现。在短短的两个小时里，随手扔垃圾的人越来越多。第二天这个CEO又去视察，还是出现同样的结果。于是他在第三天做了一个决定，亲自来清理垃圾。当有一个纸屑出现时，CEO自己去把它捡起来扔到垃圾桶里，一天下来，搞得自己腰酸腿痛。

请问大家，这样的现象能由于CEO的亲自出马而被杜绝吗？答案是不可能的。

第四天，CEO的腰已经弯不下去了，可是他并不死心。于是，他采用了另一种方法，用脚尖踩着纸屑，滑步移动到垃圾桶旁。只要把纸屑移动到垃圾桶旁，清洁人员就可以快速集中地把垃圾清扫起来，这样也就完成了一个最基础的清洁。虽然CEO不用再弯腰，但是这个行为让现场很多人觉得很滑稽、很搞笑。因为CEO体型微胖，滑步的动作也引起路过医生、护士的注意。大部分医院的医生和护士，平时在医院里都健步如飞，所以下意识地会对其他的事情不太在意，这是一种职业习惯。但是当他们发现医院CEO跳着滑稽舞步的时候，就再也无法忽视了。于是，当发现CEO清理垃圾时，医生和护士也开始协助CEO来做这件事。为了提高效率，减少污染，他们也选择像CEO一样，学着用滑步的方式把垃圾移到垃圾桶的位置。

CEO、医生和护士的行为引起了很多患者的注意，他们有的拍照，有的吃惊，有的微笑，有的发朋友圈，有的也顺势捡起了脚下的垃圾。

这样的做法很有效，可以继续。第五天，CEO继续滑步，而医生、护士也加入进来。有意思的事情发生了，不知道哪位行政人员在这个时候利用医院的音响系统播放了一段舞曲，导致一部分患者也加入滑步清理垃圾的行列当中。于是，这个医院特有的滑步舞文化就诞生了。

直到现在，你如果有机会到这个医院集团下属的任何一家医院，看见健步如飞的医生或护士突然停下来开始跳滑步舞，不要感到惊讶，因为他正在清理垃圾。或者你看到某个患者也莫名其妙地在跳滑步舞并乐在其中，你也不要感到惊讶，他是在协助医生和护士清理垃圾。这家医院正是因为这样一种特殊的、有效的方法和文化被大家熟知。

所以，企业文化并非因杜撰、虚构或创造而产生的，而是一个企业由其创始人或现任领导人植入的价值观、信念、仪式、符号、处事方式等组成的特有的文化形象。把这种特有的文化形象放在培训学校里也同样可行。

下面介绍一下客户的感受。患者之所以对这家医院有如此特殊的记忆，其实就是因为滑步舞。不仅医生、护士参与滑步舞，就连患者也积极参与，这些行为对患者的意识行为也产生了很大的影响，这就是前面提到的简约企业文化的概念——要具有自身独特的精神财富和物质形态。在朗培的课堂上，我们曾经讲过拥抱文化。很多老师和校长说，我们怎么好意思去抱家长呢。其实，我们又怎么好意思去跳滑步舞呢？它只是一种文化而已。当我们真心地用情感、真挚的关心和关爱去拥抱每一个孩子和每一个家长的时候，孩子和家长也会敞开心扉，主动地拥抱我们。

在朗培的企业文化中有“三感”：

第一感是之前提到的家文化、爱的氛围、幸福感的营造，基础的感受其实就是归属感，如我们做的照片墙；

第二感叫作认同感，如我们对员工的赞美和激励；

第三感叫作成就感，如我们讲到的 PK 文化和 PK 竞赛。

如何让这种企业文化在学校里扎根，让员工融入其中，将感受放大，甚至让我们的客户也深刻体会到呢？

我曾经针对一些幼儿园老师，调查了他们是如何让孩子感受到家文化、爱的氛围，以及让孩子觉得幸福的。参与调查的幼儿园老师往往会从行为上诠释。例如，蹲下来与孩子平视，然后积极地鼓励和开导孩子，对孩子有耐心、有爱心……

可是这样真的就能让孩子感受到幸福吗？换位思考一下，如果我们站在孩子和家长的角度，什么才是幸福？**幼儿园的孩子认为幸福有三大特点：好吃、好玩、开心**。幼儿园比家里还好，不想回家。**家长觉得，孩子要吃得好，玩得好，老师还要带得好，孩子把幼儿园当家，并能学一点东西，养成好习惯，就很幸福**。因此，首先不是你怎么带孩子，而是首先得有一个食谱，然后是赞美、鼓励、陪伴，以及在游戏活动中树立不同的榜样，让孩子有归属感、认同感和成就感，这就是最简单的家文化、爱的氛围、幸福感营造的企业文化。员工能很轻松地参与其中，也能理解这样做对于自己的工作和进步有什么样的好处。

那小学生的幸福有什么特点呢？可能是学习环境让他感到开心，上课轻松，能够得到表扬，学习像游戏一样有乐趣。而初中生的幸福有什么特点呢？他们可以快乐地学习，快乐地相伴，努力进取，有机会展示自己，展示自己的个人英雄主义等，他就会觉得幸福。高中生因为进入了青春叛逆期，所以可能让他觉得幸福的事是希望被理解、被认同、被尊重。

所以不管是幼儿园的孩子、小学生、初中生和高中生，我们能发现他们的幸福并不是成年人眼中的幸福。这也是塑造企业文化的一种很重要的方法，叫作由外而内的逆向的思维方式。

对于企业文化的塑造，我们也需要这样的一种思维方式，由外向内地塑造家文化、爱的氛围和幸福感。那我们该如何利用这样的方法，让员工也能深切感受并乐于参与，还能向外释放呢？如图 1-7 所示。

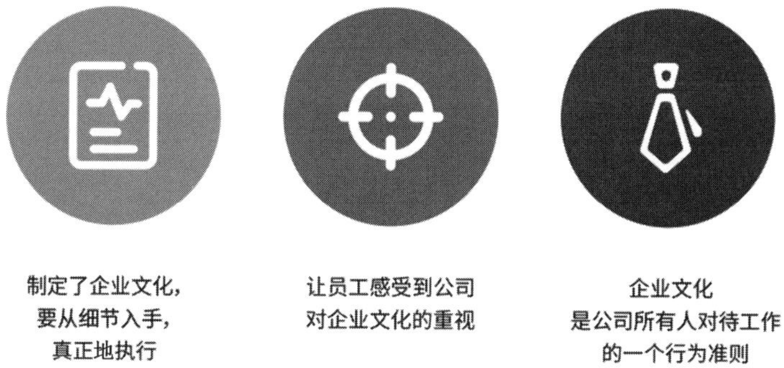

图 1-7　企业文化如何让员工深切感受并乐于参与，还能向外释放

员工为什么而来？为钱、为发展而来。那员工又为什么而离开？因为钱没给到位，心里觉得委屈了。

员工心里委屈，其实和企业文化有很大的关系。企业文化是否健康，企业是否真正执行了企业文化，都将直接影响整个公司的氛围。好的企业文化能够减少矛盾，让员工有归属感、认同感。企业文化不是每天都空喊的口号。企业文化要从细节入手，真正地落实，让员工感受到公司对企业文化的重视。企业文化是公司所有人对待工作的行为准则。认同和关注，有效的激励机制，有发展和竞争空间，都是家文化、爱的氛围、幸福感营造的策略方法。

那该如何执行呢？优秀的企业文化必须要对员工具有激励作

用。对内，企业文化要能够潜移默化地形成一种群体道德规范和行为准则，实现外部约束和自我约束的统一，形成良好的共同行动准则，从而推动学校的健康发展；对外，要向社会大众展示企业成功的管理风格、良好的经营状况和高尚的精神面貌，从而为企业塑造良好的整体形象，树立信誉、扩大影响。

因此，优秀的企业文化在设计和制定时，应涵盖五大维度：

第一，能激发员工的使命感。不管是什么类型的企业，都有它的责任和使命，而这个使命感是全体员工工作的目标和方向，是保证企业不断发展和前进的动力。

第二，能凝聚员工的归属感。企业文化的作用就是通过对价值观的提炼和传播，让一群来自不同地方的人，共同追求同一个梦想。

第三，能加强员工的责任感。学校要通过正能量的方式，例如，微信喜报文化、KT 板文化、表彰文化、自省文化、PK 文化、梦想文化等，大力宣传员工责任感的重要性。

管理人员要给全体员工灌输责任意识、危机意识和团队意识，要让大家清楚地认识到学校是全体员工共同的家。这个家必须要遵循三大原则：一是人本性。企业文化是一种以人为本的文化，本质的内容就是强调人的理想、道德、价值观、行为规范在学校管理中的核心作用，强调在学校管理中要理解人、尊重人和关心人，注重人的全面发展，用愿景鼓舞人，用精神凝聚人，用机制激励人，用环境培育人。二是整体性。企业文化是一个统一的有机整体，员工的发展和学校的发展密不可分，我们要学会利用企业文化，引导员工把个人奋斗目标融入学校发展的整体目标之中，追求学校的整体优势和整体意志的实现。三是创新性。创新既是时代的呼唤，又是企业文化自身的内在要求。优秀的企业文化往往在继承中创新，随着企业环境和国内外市场的变化而改革发展，引导大家追求成效，追求卓越，追求创新。

第四，能赋予员工荣誉感。每个人都要在自己的工作岗位、专业领域多做贡献，多出成绩，追求荣誉感。

第五，能实现员工的成就感。一个学校的繁荣昌盛关系到每一个学校员工的生存，学校强大了，员工就会引以为傲，会更积极地努力。荣耀越高，成就感就越明显。

我们不妨再回到开头的那个案例：为什么给员工加油打气以后，他们就从“战狼”变成了“小绵羊”？

是我们的话术提炼不够精确吗？不是。是我们没有抓住工作的要领吗？也不是。是我们的行动方向出了问题吗？更不是。

其实是我们的企业文化本身存在严重的缺失。

想让员工有状态，工作有激情，我们不妨尝试用以下三个方法做出调整。

第一个方法叫作梦想文化，展示员工的梦想，让他们获得归属感。建立员工照片墙是最简单、最直接的方法，当然还可以是明星墙、梦想墙等。在公司的适当位置悬挂每个员工的照片，在照片下方写上员工自己的梦想，并要求他们在管理和工作中不断强化意识。校长的梦想就是努力帮助每一位员工去实现自己的梦想。因此努力工作不是为别人，而是为自己。因为员工心中有一个属于自己未来的梦想，梦想会随着人生的阅历而有所调整或改变。而当员工的这种家文化、爱的氛围、幸福感被营造好了，他的梦想自然会与学校的发展接轨。这时，工作就变成了事业，为事业而努力是每个人主观能动性的表现，也是企业文化在员工心中扎根的基础。

其实，每个员工都希望被重视。通过梦想文化，让每个员工快速地被新同事、老同事认识，得到公司高层的重视，这就是员工工作的动力。当然，梦想不一定都会实现，却是一个美好的期望。有梦想生活才有意义，梦想是人生活和工作的动力。梦都是美的，所以梦想成真也成了我们长久以来的期望。梦想也可以通过一定的方式和途径，通过自己的努力和拼搏成为现实。梦想最大的意义就在于给人一个方向、一个目标，梦想使人伟大，人的伟大就是把梦想作为目标执着地追求。

第二个方法叫作激励和晋升机制，正向认同、公平发展。下面介绍几个常用的技巧。

1. 激励机制

激励应包含物质激励、精神激励、适时激励和强化激励。物质激励和学校资深的薪酬体系有关系，健康的薪酬制度是学校管理及良性运作的保证。精神激励是现代企业特别强调的一种管理科学，有利于建立良性且健康的员工关系，营造积极正能量的心态，让员工更具有安全感和荣誉感。如赞扬、微笑、点赞，甚至公开表彰都可以让员工感激，让他们用努力工作来回报学校。适时激励强调趁热打铁，能起到事半功倍的作用。与其年底统一表彰，不如事发当天的一个口头赞美来得直接。其实，及时有效地给予员工能力上的肯定或工作上的表扬，是让员工工作稳定和工作效率提高的一种特别有效的方法，而最终受益的一定是学校。强化激励，简单来讲，就是要利用媒体和载体展示成果，如利用微信喜报、公众号、朋友圈、文化墙、看板等。一切有利于加强企业文化宣导和树标杆、树品牌的行为，一切能展示员工状态的载体和自媒体，都应该成为我们成果展示的根据地。这样做，员工和团队都会很有成就感。当然，在具体的激励策略中，有一个专题叫作激励员工，就是打一棒子给一个枣吃，我们也详细地讲解了一系列的激励手段。

2. 晋升机制

要让每个岗位的员工都明白自己未来的职业发展方向。要想员工稳定、有激情、有状态，不是简单地鼓励和认同，“好好干”“自然不会亏待你”这样的话对于员工来说根本不起作用，他们早已厌烦。我们应该用职业晋升通道和岗位胜任力模型来提升员工的工作状态和稳定性。

学校应该建立各个岗位的职业晋升通道，而且是没有“天花板”的晋升通道，要让员工有希望、有憧憬。只有看得见、摸得着的目标才能够达成。例如，一个新人刚进来，需要学习和实践，他首先应该在实习岗。当他努力提高，不断积累后，才能到初级岗。随着业务水平的不断提高和能力的精进，他才能到中级岗。随着业务能力的提高，他不仅成为学校的骨干，还开始带徒弟，于是晋升到了高级岗。带的徒弟多了，他的业务能力、管理能力、带团队的能力得到提升，达到了主管的要求。优秀的主管要既有业务能力，又有能够协调平衡的能力，还应具备管理和领导力。具备以上能力后，就可以成为部门经理或执行校长了。当他拥有校长思维，并在各个方面都表现优异时，那是否被吸纳为机构的股东，就由投资人或董事会商议决定了。想要让员工和老板一起干，学校应提供没有“天花板”的晋升通道，它是每个员工选择这份工作的初衷。

那什么是持续动力呢？这就叫作岗位胜任力。学校应该制定清晰可见的岗位胜任力模型，该模型至少应该包括但不限于以下四个项目：岗位、岗位职责、晋升条件及薪酬。前面的职业晋升通道大致提到了一些岗位职责的关键点，配合晋升通道的晋升条件就是为员工建立工作信心和稳定工作状态的法宝。这个条件应该包含达到晋升岗位需要的工作时间，KPI 指标——也就是关键绩效指标及 KPI 的关键行为指标。例如，一个中级顾问想要晋升到高级顾问的基本晋升条件，可以有以下几个方面：一是工作时间，在此岗位工作至少要满 6 个月；二是 KPI 指标，在此岗位期间招生总人数至少要达到 36 人；三是 KPI 指标，在此岗位工作期间迟到不能超过 6 次，请假不能超过 6 天。只要达到这样的要求，就表示该员工已具备高级顾问的资格，这样的岗位胜任力模型是每个学校必须认真设计并公开的。在前面讲过，创业式裂变里有一个校长十大标准，其实也是一个岗位胜任力模型。合理、有效的激励和晋升机制，是企业文化言行一致、员工努力拼搏的有力导向。

第三个方法叫作 PK 文化，赛出幸福、超越自我。

企业内部的 PK 不是相互厮杀，而是相互促进，PK 是个人及团队潜能提升不可或缺的利器。PK 文化并不是一场毫无意义的赌注，它是一股新风潮，能促进企业的发展，能拓宽员工的人生道路。PK 有竞争，但这不意味着 PK 仅仅是一种优胜劣汰、弱肉强食的生存法则。PK，尤其是团队的 PK，让参与者增强责任感，从而激发他们的进取心。为了完成团队的 PK，团队中的每个人都竭尽所能，绝不允许由于自己的原因使得团队的 PK 失败。也正是因为这份维护团队荣誉的责任感，让每个人都迸发出了无限的能量。因此，公平公正的 PK 文化会为整个学校源源不断地注入责任心和进取心，是一种正能量文化。在竞争的环境下，人的潜能会被激发，甚至可以爆发出惊人的能量。PK 文化，这种先有结果、再有行动的举措，让每一个参与到 PK 中的业务精英都明确了自己的奋斗目标，并且围绕这个目标竭尽所能寻找方法。结果导向性的 PK 文化，让参与者看到了诱人的结果，也因此有了奋斗的动力，从而在奋斗的过程中爆发出惊人的能量。

总之，要想让员工有状态、工作有激情，不妨从三个方面调整。

第一个方面，梦想文化，展示梦想，让员工有归属感。

第二个方面，从激励和晋升机制的角度入手，正向认同、公平发展，让员工看到自己未来的晋升之路。

第三个方面，就是通过建立 PK 文化，重新塑造企业文化，让员工可以赛出幸福，超越自我。

近年来，关于企业文化对企业经营业绩影响的研究，已经得到了管理界的普遍关注。美国兰德公司和麦肯锡公司通过对全球增长最快的 30 家公司的跟踪考察，联合撰写了一份报告。他们写道，世界 500 强胜出的根本原因，就在于这些公司善于给他们的企业文化注入活力。凭借企业文化，这些一流公司保持百年不衰。更有学者预言，企业文化在未来十年内，很可能成为决定企业兴衰的关键因素。所以不是大企业才有企业文化，而是有了企业文化，企业才能做大。企业文化作为一种行为规范和准则，虽然是一种软约束机制，却是一种由内而外、由上至下的共同价值观。它不是道德绑架，不是思想禁锢，更不是行骗的工具。因此，校长千万要记住，不要因为学校没有企业文化而毁了学校的未来。

1.5 双因素考核

对校长来说，最头疼的事莫过于对老师的考核。很多校长担心老师不接受考核，因此根本没有对老师设置工资考核机制，或是设置了却没有严格执行。而不考核老师是不行的，因此，校长到底该如何考核老师，才能更容易被接受呢？

这里跟大家分享的主题是双因素考核——通用的考核方法。老师为什么不愿意接受工资考核？原因只有一个，因为要扣钱。老师认为考核的工资是他工资收入的一部分，所以当你没有把工资发齐时，老师就认定是你扣了他的工资。“校长扣了我的工资”这句话萦绕在他的脑海中，久而久之，老师怨声载道，到处传播负能量。

那么，到底该如何解决这一问题？我们要讲的方法非常简单，就是将工资按照岗位固定下来，其中工资不包含考核工资，工资就是底薪。不管你做得好还是不好，每月老师的工资是固定的。你做得好，就可以升职，从初级老师到中级老师再到高级老师，工资随之增加；你做得不好，就暂时不升职，你一直是初级老师或中级老师，也不会被扣工资，但只拿相应标准的工资。

然后，将考核工资变为提成。为什么一个小操作就可以解决这个问题？因为工资、提成和奖金有明显的区别。我们先介绍薪酬。什么是薪酬？薪酬=薪+酬。薪是收入，酬是福利。先把福利放一边，重点介绍收入——薪。对于教培行业来说，一个老师的收入基本来自三方面：一是工资，二是提成，三是奖金。它们之间有明显的区别：工资是干了就有，提成是干出成绩才有，奖金是干得好才有。

工资就是员工只要来上班，不管他是来喝茶，看报纸，或是来网购，只要没有迟到，没有旷工，就要发给他工资，这叫干了就有。而考核工资是干出成绩才有，它不属于工资，它是提成。例如招生、续费、转介绍，不是员工多辛苦就一定要发提成给他，而是一定要招来学生、有续费，才会发给他，所以提成是要干出成绩。那奖金呢？所有人都干出成绩，都能拿到提成。但奖金只给前三名，所以奖金是干得好才有。

总结而言就是，工资是干了就有，不管干得好干得坏；提成是干出成绩才有，一定要有成绩；而奖金是干出成绩的人中最优秀的才能够拿到奖金。但必须明确一件事，考核工资一定不是工资，它是提成，和成绩挂钩。当你做了这样的薪酬设计，老师就会明白原来工资是不管干得好干得坏都能拿，而考核工资一定与成绩挂钩，做出了成绩就可以拿到，没做出成绩就拿不到。通过这样的小转变，让老师彻底改变考核工资是工资的一部分的错误观点。

作为校长，也要明确考核工资的目的——为了让员工做出更出色的成绩。如果老师按时来上班、备课、上课、参加地推活动，可就是一个学生都没招来，续费率也并不高，因为没有成绩，学校只能给他工资。

所以一定要转变思维，把考核工资变成提成。哪些工作考核可以变？最常见的有三个：一是招生提成。二是教学提成，即课时费。一定要清楚，课时费不是工资，不是老师上课一个学生给多少钱，教学和课时费都是提成。三是管理提成。如何设置和考核？怎样将考核工资变成提成？接下来介绍一个很重要的方法，叫作双因素考核法。双因素，顾名思义就是要考核两个维度，其落地方法如图 1-8 所示。

业绩 职位	8000元以内	8001～15000元	15001～25000元	25001元及以上
初级课程顾问	2%	4%	6%	8%
中级课程顾问	4%	6%	8%	10%
高级课程顾问	6%	8%	10%	12%
金牌课程顾问	8%	10%	12%	14%

备注：

1. 半年内平均业绩达到10000元/月，即可晋升一级。
2. 半年内平均业绩低于6000元/月，即下降一级。

图 1-8　招生提成双因素考核法

案例一：招生提成双因素考核法。

图 1-8 是招生提成双因素考核法。横向是招生老师每个月的招生业绩，分为四个档次，8000 元以内、8001～15000 元、15001～25000 元、25001 元及以上。纵向是老师职位，从初级课程顾问到中级、高级和金牌课程顾问。

针对不同老师，提成方法、提成点不一样。如果老师的业绩在 8000 元以内，同时是初级课程顾问，他的提成点就只有 2%；如果业绩在 15000 元以上，就可以拿到 6%。我们来算一下，一个高级课程顾问，上个月业绩完成 2 万元，请问他可以拿多少点？大家通过横向往右边看，然后再找到纵向 2 万元这个档，一交叉就能得出结论，他可以拿到 10%。2 万元乘以 10%，他就可以拿到 2000 元的招生提成。这样计算又简单又方便，同时让老师看到了希望，最高可以拿到 14%，最低只有 2%，老师既有招生动力，又有晋升动力——一个小小的双因素考核法就能够全面地对老师进行两个维度的考核。图 1-8 有个备注，老师在半年内平均业绩达到每月 1 万元，即可晋升一级。如果半年内平均业绩低于每月 6000 元，就要降一级。所以业绩越高，职位越高，提成点就越高，层级差会使老师产生强大的动力。同时，招生提成也容易计算。

案例二：教学提成双因素考核法，如图 1-9 所示。

教学提成双因素考核法也是考核两个维度，请看图 1-9。首先横向是满班率，在小班教学中，一个老师的满班人数假设是 100 人。

如果老师带了 80 个学生，其满班率就是 80%；如果老师带了 120 个学生，满班率就是 120%。如果是一对一，我们可以规定老师一对一的最高带班人数。所以老师带的人越多，班越多，课时费就越多。学校要让一部分带班多、带学生多的老师先富起来。

授课教师课时费激励（单位：元/次课）									
		满班率							
		65%以下	65%～70%	70%～80%	80%～90%	90%～110%	110%～130%	130%～150%	150%以上
续班率	65%以下	0	20	30	40	50	60	70	80
	65%～70%	20	30	40	50	60	70	80	90
	70%～75%	30	40	50	60	70	80	90	100
	75%～80%	40	50	60	70	80	90	100	110
	80%～85%	50	60	70	80	90	100	110	120
	85%～90%	60	70	80	90	100	110	120	130
	90%～95%	70	80	90	100	110	120	130	140
	95%以上	80	80	100	110	120	130	140	150

图 1-9　教学提成双因素考核法

再来看纵向，它是衡量教学质量的唯一标准——续班率。续班率越高，课时费就越高。例如，有位老师的满班率是 85%，就在横向找到 80%～90%这个档；续班率是 92%，就在纵向找到 90%～95%这个档，横向和纵向的交点是 100。也就是说，这位老师这一学期的课时费是 100 元，如果这学期他上了 100 次课，他就可以拿到 100 元乘以 100 次课，也就是 1 万元。再比如，老师的满班率达到了 180%，续班率达到了 99%，交叉得出的结果是 150 元/次，如果他上了 200 次课，就可以拿到 3 万元的课时费。

如果是一位新老师，带班人数非常少，满班率只有 50%，第一次续班率只有 72%，他每次课只能拿到 30 元。如果他上了 100 次课，只能够拿到 3000 元。一边是 3 万元，另一边是 3000 元，差距如此之大。于是老师明白，想要提升课时费，有两个途径：第一，多带班或多带学生；第二，提高续费率。这样的双因素考核法让老师的课时费也变成了动态的，拿多拿少看工作量和结果。所以，没必要做考核工资，工资就是工资，不管他干得好干得坏都发给他。但是提成一定要看到成绩，不管是招生还是教学，都要拿成绩说话。

案例三：中高层管理者的双因素考核法——管理提成双因素考核法，如图 1-10 所示。

培训学校薪酬（管理提成）激励模板（提成基数：所管部门实现创收）									
		团队目标完成率							
		65%以下	65%～70%	70%～80%	80%～90%	90%～110%	110%～130%	130%～150%	150%以上
学校目标完成率	80%以下	0	0	0	0.5%	1.0%	1.5%	2.0%	2.5%
	80%～90%	0	0	0.5%	1.0%	1.5%	2.0%	2.5%	3.0%
	90%～100%	0	0.5%	1.0%	1.5%	2.0%	2.5%	3.0%	3.5%
	100%～110%	0.5%	1.0%	1.5%	2.0%	2.5%	3.0%	3.5%	4.0%
	110%～120%	1.0%	1.5%	2.0%	2.5%	3.0%	3.5%	4.0%	4.5%
	120%～130%	1.5%	2.0%	2.5%	3.0%	3.5%	4.0%	4.5%	5.0%
	130%～140%	2.0%	2.5%	3.0%	3.5%	4.0%	4.5%	5.0%	5.5%
	140%以上	2.5%	3.0%	3.5%	4.0%	4.5%	5.0%	5.5%	6.0%

图 1-10　管理提成双因素考核法

很多校长设置管理者提成，往往是将学校营业额的 1%给主管，2%给执行校长，没有进行全维度的考核。我们不妨导入双因素考核法。

先来横向看团队目标完成率。例如，如果考核教学主管，就看续费目标是否达成，如果考核市场主管，就看招生业绩是否达成。再来纵向看学校目标完成率。例如，这个月的学校目标任务是 10 万元，最后学校完成了 8 万元，即完成了 80%；如果完成了 12 万元，即完成了 120%，校长要考核两个维度，团队目标完成率和学校目标完成率。如果教学部团队目标完成率是 125%，而学校目标完成率是 115%，那对应图 1-10 得到交叉点 3.5%。若团队目标完成率低于 80%，学校目标完成率也低于 80%，那基本上学校就没有盈利。既然没有盈利，管理提成自然也就没有。通过这样的双因素考核，我们就明确了管理者重点要关注的考核的两个方面——团队的目标和学校的目标，这将成为所有中高层管理者每月关注的重点。

那么，校长是不是也因此更轻松了呢？我们回顾一下三种双因素考核落地的方法：招生提成法，横向是业绩，纵向是职位；教学提成法，横向是满班率，纵向是续班率；管理提成法，横向是团队目标完成率，纵向是学校目标完成率。我们顺便梳理一下**双因素考核法的 5 个价值**。

第一，表格简单易懂。这三种方法，落地策略都是一张表格就可以解决的，简单易懂。

第二，两个因素相辅相成。

第三，需要什么就考核什么。例如，需要考核到场率，需要考核转介绍和续费率，可以把这些纳入考核项。但请记住，只考核两个因素，不要再选第三个因素。

第四，按劳分配，可以充分调动积极性。管理学有句话：收入差距达到 3 倍以上，就可极大地调动一个人做好工作以拿到更高报酬的积极性。

第五，告别罚款，而不是扣款，让老师多劳多得。工资永远都是固定的，变化的是提成。双因素考核还可应用到哪些方面，还可以有哪些延伸呢？例如，可用到股权激励中。实行股权激励有一个很重要的维度，就是要定人、定量。要把股权给谁、给多少？例如，入职满一年、带班量也达标的老师，采用双因素考核法。哪些老师可以拿股权、拿多少？横向是个人全年的业绩指标，包含新招和续费；纵向为个人续费指标。如果一个老师全年业绩为 9 万元，续费率为 93%，从纵向找到 8 万～10 万元，从横向找到 92%～95%，交叉后得到结果，这个老师可以拿到 4 万股权。

回到初始案例，老师为什么不喜欢考核？因为他认为考核工资本来就是属于他的，如果被扣掉，他就会怨声载道。但校长该不该对老师进行考核呢？当然应该。如何考核？去掉考核工资，替换为提成。用什么提成方法呢？双因素考核法，有三个方法：招生提成双因素考核法、教学提成双因素考核法和管理提成双因素考核法。同时，还应做延伸——利用双因素考核法进行股权激励。

相信校长们已经通过各种案例知道并且了解了双因素考核法的价值。这里讲的数字都是模拟数字，请校长们仔细核算后再实施。

1.6 管理有底线，别把老师惯坏了

一些校长在办学过程中任劳任怨、做牛做马，却发现员工每天都很松散，只顾享受生活，这到底是为什么呢？我们不妨来看这样一个案例。

张校长最近遇到了烦心事，虽然学校员工人数不算少，但是得力助手却没有几个。员工每天上班都浑浑噩噩的，工作效率低，工作态度还不好，俨然一副混日子的状态。

这类问题校长们是否遇到过？又是如何解决的呢？为什么学校会出现这样的问题？其实答案很简单，就是校长对员工太好了，没有对员工进行压力管理。

压力管理真的重要吗？那到底什么是压力管理呢？举例来说，消防队员在救火的过程中，会使用高压水枪进行扑灭。我们都知道水是往低处流的，是什么原因让水流可以达到 10 层、20 层甚至 30 层？就是因为有强大的压力。又如弹簧，我们都知道弹簧是压力越大，产生的弹力就越大，所以有压力就有弹力。弓箭也是一样，把弓拉得越满，箭出去的速度就越快。例如，高中老师为了让学生带着一定的压力冲刺高考，会在黑板上挂一个高考倒计时牌，营造升学考试的紧张氛围，利用压力管理对学生进行激励。同样地，要想让员工有快速高效的工作成果，有强大的工作动力，压力就是根源中的根源。可以说，压力是产生动力的核心。

让员工产生动力的压力有哪些呢？第一，经济压力。很多校长会做绩效考核，员工做得好就有奖金，做得不好就要被扣钱，这就给员工造成了经济压力，从而产生做好业绩的动力。**第二，面子压力**。学校会评选优秀员工，给优秀的员工颁发证书和奖杯，其实就是在照顾员工的面子。**第三，成长压力**。很多员工看到身边的同事在成长，他们也渴望成长，他们会购买各种书籍，甚至自己掏钱参加培训，这都是成长压力。**第四，生活压力**。员工要买房、买车、结婚、生子，生活会给他们带来许多压力，会让他们更加拼命地工作。**第五，对比压力**。例如，学校的 PK 管理，就是让员工 A 和员工 B 之间有一个对比，从而产生对比压力。

请记住这样一句话：**管理的本质就是要创造合适的压力，从而产生有价值的动力。没有带来压力且没有产生动力的管理都是在做**

无用功。校长们要学会思考，我们在学校里的管理措施给员工带来了怎样的压力？又会产生怎样的动力？如果管理措施没有给员工造成压力，那这项管理就是无用功。这里有一个**压力管理的落地模型**，如图 1-11 所示，我们一起来分析。

工作板块	管理措施	压力来源	动力成果
早会	迟到者次日主持	面子压力	按时上班
培训	落地保障金	经济压力	及时落地
续费	续费PK	对比压力	激发潜能
招生	购房补贴	生活压力	拼命招生

图 1-11　压力管理的落地模型

压力管理的落地模型分为四个维度。

第一个维度，工作板块。

第二个维度，管理措施。

第三个维度，压力来源。

第四个维度，动力成果。

例如工作板块中的早会，我们如果发现有员工总是迟到，那我们要采取措施改变这个现象，给员工带来压力，从而让他有不迟到的动力。我们可以让迟到者在第二天必须主持早会，这一项管理措施的压力源自面子压力。有了面子压力，员工自然就会有动力，就会按时上班。

再例如培训工作，校长最担心的不是员工不参加培训，而是担心员工参加了培训却不能及时应用，所以我们可以收取员工的落地保障金，每人交 100 元，及时应用了就把这 100 元双倍返给员工，没有及时应用的话，这 100 元学校将扣留下来。这样压力来自经济压力，动力成果就是可以让员工更好地将培训学到的方法及时应用在工作中。

接下来是员工续费问题，校长担心续费效果不好，可以采取续费 PK 的方法。这样的管理压力来源于对比压力，让每一个人都有一个比学赶超的对象，让其产生压力，进而激发潜能。

再例如招生，很多老师喜欢上课，不喜欢招生。那我们可以设置购房补贴，凡是在我们这里招生达到一定效果、业绩做到一定结果的员工，购房都可以获得学校的补贴，从而让员工尽快买房。

上面给大家简单分享的是一个压力管理的落地模型，主要包含管理措施会给员工带来怎样的压力，又会产生怎样的动力等。

学校和校长到底该如何具体开展科学、系统、流程化的压力管理呢？接下来，我们一起来学习**学校压力管理的三大维度——能力三核**。

我们都知道，衡量一个人是不是有能力、是不是有未来，往往从三个维度去进行衡量，如图 1-12 所示。

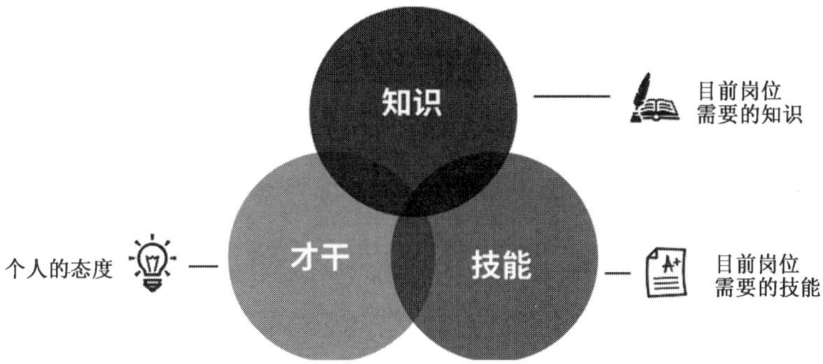

图 1-12　学校压力管理三大维度

第一是知识，也就是目前岗位需要的知识。例如，教学岗位需要心理学、教育学及课堂调控等方面的基础知识。

第二是技能，也就是目前岗位需要的技能。例如，和学生沟通、授课逻辑性及提问互动等技能。

第三是才干，不仅是指以什么样的态度去做，更多是指个人的态度。例如，忠诚、善良、不达目标绝不放弃、有毅力、勇敢等。

能力三核分为知识、技能和才干三个方面。作为一名市场人员，会背诵学校的宣传话术，这叫作知识；能够利用背诵的话术恰当地跟客户沟通，并让其埋单，这叫作技能；不论客户如何拒绝你，你都能够去追踪客户，直到客户最终埋单为止，这叫作才干。

压力管理和能力三核之间又有怎样的联系呢？我们不妨先来看一看**能力三核的特点规律**，如图 1-13 所示。

能力三核的可迁移性	知识<技能<才干
能力三核的可积累性	知识是基础，技能是能力，才干是品质
压力管理顺序	才干>技能>知识

图 1-13　能力三核的特点规律

第一个规律，能力三核的可迁移性。

我们都知道，员工不可能跟着校长做一辈子，他有可能三五年后会离开，去一家新的单位或换一个行业。但是，员工在离开时能带走什么，这很关键。科学调查表明，员工能够带走的知识只有 20%，能够带走的技能却可以达到 80%，而才干可以 100%被带走。所以，每一次与新员工做交流和培训的时候，我都会告诉他们：我知道有一天你会离开我的企业，但是我也知道你离开的时候带走的不是知识，不是技能，而是遇到困难不愿放弃、能够奋勇争先的才干。

第二个规律，能力三核的可积累性。

知识是基础，技能是一个人的能力，而才干是一个人从骨子里散发出来的品质。**想要成功，知识是最基础的，技能只是中坚力量，真正最高的品质是才干。**

第三个规律，压力管理顺序。

校长对员工进行压力管理的顺序和我们讲过的两个特点相贴近，才干最优先，重要性也最高。所以我们的**压力管理，首先是才**

干的压力管理，其次是技能的压力管理，最后是知识的压力管理。压力管理的顺序是才干>技能>知识。

具体如何落地呢？

第一个维度，才干的压力管理。

才干指的是一个人的态度、品质，也可以用一个专业术语概括它，即价值观。所以才干的压力管理重心要放在对一个员工价值观的考核上，通过对他价值观的压力管理，让他产生正向的能量，成为学校的中流砥柱。下面有三个方法和大家分享。

方法一，设置高压线。例如，在我们的公司里设置的高压线有四条：拒绝负能量、拒绝没梦想、拒绝没有爱和拒绝不成长。员工一旦触犯就会被“电死”的高压政策促使员工重新梳理和转变自己的价值观，有相同价值观的人在一起才能够成为团队，价值观相同的人在一起才能走得又快又远。

方法二，设置员工主题月活动。例如，1 月可以设置为诚信月，2 月设置为自信月，3 月设置为积极月，4 月设置为奔跑月，5 月设置为尊重月等，每月月初宣布这个月的主题活动。具体怎么做不需要告诉员工，校长和高层管理者只需要默默地观察，只要有人做得好，那他月底就会得到表彰。用这样的方法对员工进行压力管理，去纠正他的工作态度，让他具有积极向上的正能量。

方法三，设置才干表彰。例如，在每个月月底的全员会议上，校长可以为这样的员工颁发奖励——正能量之星、梦想大使、大爱天使、首席员工等，眼睛不要只盯着业绩。越盯着业绩，越盯着招生，就越没有业绩，越没有好的结果。其实，我们应该想想如何让员工有更好的价值观，如何让他们有荣誉感，如何对他进行压力管理。当然，不管是设置高压线，主题月活动，还是才干表彰，都要记住：**仪式感比奖励本身更重要**。

在奖励时，不要只是口头表扬，也不要只发一个聘书。我给大家几个建议，在表彰时，首先要为员工制作明星展架，摆在学校最显眼的位置，让他有一种荣誉感，这也是一种荣誉压力。其次要有奖品，奖品不一定价格多高，可以是新奇的、好玩的、有趣的，或者是员工生活中所需要的。哪怕是两张电影票，一张晚餐就餐券，我相信都会给员工带来不小的惊喜和感动。再次要有奖牌、奖杯和证书，奖杯留给员工自己，奖牌挂在办公室，而证书邮寄给员工的父母。其实，这种仪式感会给员工带来压力，而这种压力潜移默化地让员工觉得下个月做不好就对不起自己的团队，甚至对不起自己的父母。其实，这种压力是正向的、积极的、能够激发员工潜能的。这就是第一个大的维度，叫作才干的压力管理。

第二个维度，技能的压力管理。

技能的压力管理要关注工作结果，它是以结果为导向的。才干的压力管理注重的是态度和价值观，而技能的压力管理注重的是工作结果，有好的态度还不行，还要做出好的结果。我给大家介绍三种方法。

方法一，浮动式底薪设计。底薪是一成不变的，无法给员工带来经济压力，从而无法产生做出业绩的动力。例如，如果员工连续两个月业绩没有达标，则底薪降 200 元；如果员工连续两个月业绩达标，则底薪涨 200 元。利用连续两个月浮动式的底薪设计，让员工感受到经济压力。其实，员工的底薪也是随时可以变的，不一定非要一成不变。有的校长会说，给他每个月降了 200 元，他会不会因为降了 200 元而辞职呢？各位校长大可不必担心，因为这会使员工产生小小的经济压力，从而产生动力。

方法二，激战式“军令状”PK 协议设计。我们都知道，要激发员工的潜力，可以让员工相互 PK。在 PK 时，员工会热血沸腾，但是三五天后，可能就把这个 PK 忘到九霄云外了。那不妨让 PK 的 A 员工和 B 员工相互签署“军令状”，然后各自把“军令状”发到自己的微信朋友圈，让自己的亲朋好友点赞，只有达到 50 个赞，这个 PK 才算生效。这种做法在管理学中叫作公众展示承诺，给员工一种面子压力，利用这样的压力持续产生动力，让员工最终业绩达标，PK 获胜。

方法三，中层压力激励表格设计，让中层也有压力、有指标。

图 1-14 是某学校教学部主管压力指标模型。

教学部的主管要做标杆，要知人善用，要做教练培养人，要带着团队达成目标，同时要在团队中展现正能量，还要能够及时激励团队中的优秀行为。那校长如何给教学部的主管设置压力指标呢？压力指标的设置和这六个关键词完全贴合。

关键词	压力指标（胜任力）	考核激励
做标杆	个人缴费率必须是老师团队中前3名	达成此目标，续费奖金增加20%
知人善用	转正老师团队年离职率低于20%	达成此目标，年终奖金增加20%
教练	每学期至少培养2名续费合格教师	达成此目标，奖励500元/人
达成目标	每学期教学团队平均续费率达到20%	达成此目标，管理奖金增加20%
正能量	聆听并及时反馈，做负能量终结者	违反此目标，管理奖金扣20%
及时激励	每月负责收集教学及服务亮点	违反此目标，管理奖金扣20%

图 1-14　某学校教学部主管压力指标模型

第一个，做标杆。既然要做标杆，就必须要做到个人续费率是老师团队中的前三名，只要做到了，续费奖金就会在原有的基础上增加 20%。

第二个，知人善用。压力指标是转正老师团队年离职率必须低于 20%，只要达成此目标，年终奖金会增加 20%。

第三个，做教练培养人。压力指标是每学期至少培养两名续费合格的老师，若达成此目标，则每实现一个奖励 500 元。

第四个，带着团队达成目标。压力指标是每学期教学团队的平均续费率必须达到 85%。如果达成此目标，管理奖金增加 20%。

第五个，在团队中展现正能量。主管要随时随地聆听意见并及时反馈，做负能量的终结者，如果违反了此目标，那管理奖金将会被扣掉 20%。

第六个，及时激励。作为教学部的主管，每个月都要负责收集老师在教学及服务过程中的亮点，以便校长能够及时进行激励。如果违反了此目标，主管的管理奖金将会被扣掉 20%。

通过教学部主管的压力指标模型，能够很好地给教学主管、市场主管等中层一定的压力，从而让他们产生一定的动力，使压力和动力并存。

第三个维度，知识的压力管理。

才干考核的是态度和价值观，技能考核的是工作结果，而知识考核的是工作过程。同样也有**三个方法**：

方法一，备课评比，进行备课之星评比。

方法二，话术评比，例如邀约电话的话术、服务电话的话术和家长沟通续费的话术等。

方法三，知识过关考试，考核内容是教育学、心理学及授课的专业知识，例如通过舞蹈、美术、作文、数学等一些专业的知识过关考试来评选教学之星。

很多校长会发现，原来对员工进行压力管理还可以这样做，最先要做的是才干的压力管理，然后是技能的压力管理，最后是知识的压力管理。本节总共讲了九个方法，也希望这九个方法对校长了解压力管理、促使员工产生动力等方面有一个更好的指引。

回到最开始的案例，为什么有的校长任劳任怨，员工却游手好闲？原因就是没有给员工压力，没有压力自然就没有动力。如果把员工比喻成弹簧，那校长有没有把这个弹簧压紧？如果把团队比喻成弓箭，校长有没有把弓箭拉满？如果把团队比喻成高压水枪，那校长有没有把压力加满？其实，只有当校长真正明白才干、技能和知识的各类激励、压力和评比时，校长才能解放自己、激发团队的活力。

1.7 积分管理——基于人性的考核

积分管理是基于人性的考核手段。我们来看一个案例。

很多校长抱怨，现在的年轻员工越来越不好管理了，以前制定的那些绩效考核标准在这些年轻员工身上也越来越不管用了。你考核他们，他们却并不喜欢被考核，越考核，双方的矛盾就越大；越考核，校区越乱。但是如果不考核，团队又太散漫，效率低下，校长们很纠结。

我们深入分析一下，**员工在学校工作，他们的需求到底是什么？我们要从三个维度去思考**。员工在学校每天认真地工作，其实只有三个方面的需求：第一，想要有高收入；第二，想要得到更好的学习成长机会；第三，想要有一个持续发展的机会。

管理者在抱怨什么？无非就是员工没有能力、只知道索取、不负责任、不好管理、没有积极性等。不管是员工的需求，还是老板的抱怨，其实背后都有三个永远都回避不了的事实。

第一，当你觉得员工没有价值的时候，其实员工也同样认为你和学校对他而言没有价值。

第二，当你觉得员工总是在找借口的时候，作为校长的我们同时也总在给员工提供找借口的机会。

第三，当你觉得员工总是出工不出力的时候，说明你只是购买了员工的时间，而非价值。

我们得出一个结论：**作为校长，我们购买的是员工的价值，而不是时间**。所以，员工创造的价值是校长必须重点关注的，它在管理学上的名字是**人效**。想要快速地增加业绩，就必须增加员工的数量；而想要使学校的盈利提高，并不能靠缩减员工的数量来实现，而是靠提升员工的价值也就是人效来实现。

增加人效的方式只有一个，就是考核。

当然，所有的办法都有一个统称，叫作**绩效考核**。

四大绩效考核工具是 BSC（平衡计分卡）、KPI（关键绩效指标）、OKR（目标与关键成果）、KSF（关键成功因素），这四大绩效考核工具各有优点和缺点。我们不妨通过一个表格来深入分析这四大绩效考核工具，如图 1-15 所示。

区分	BSC	KPI	OKR	KSF	HJF
定义	平衡记分卡	关键绩效指标	目标与关键成果	关键成功因素	快乐积分
描述	企业战略目标四个维度的考核及平衡	针对关键绩效指标的考核	目标管理及目标分解	既是绩效优化方案也是薪酬改革方案	一种与钱无关的、基于人性的管理手段
适用企业	大型企业	强势企业	风险型企业	中小微企业	以人为本的企业
适用岗位	管理层	中基层	中高层	全员	全员

图 1-15　提升人效的最佳途径——绩效考核

首先来说说离我们最远、也是最难操作的**BSC（平衡计分卡）**。用一句话来描述就是企业战略目标四个维度的考核及平衡，它往往适用于大型企业、世界 500 强企业、人数超过 5000 人以上的大型集团企业，适用于管理层。

KPI（关键绩效指标），这是很多中国企业正在推行和使用的一种绩效考核工具。它是针对关键绩效指标的一种考核办法，往往适用于比较强的企业，这些企业不怕人员流动，很强势。因为 KPI 不是基于人性的一种考核手段，它很严格、很容易使员工压力非常大，它适用于中基层。

OKR（目标与关键成果），简单说就是目标管理及目标分解。使用 OKR 的企业基本上是风险型企业，如互联网企业、新兴企业等，这些风险型企业比较适合用 OKR，它适用于中高层。

KSF（关键成功因素），它既是一种绩效优化的方案，又是薪酬改革的方案。它把绩效考核工资从占整个薪酬的 20%提升到了

60%～80%，甚至 100%。员工拿多少工资再也不是老板说了算，而是员工自己说了算，它比较适合中小微企业，适用于公司全员。

以上四种绩效考核方式各位校长已经非常熟悉，这里给各位再介绍一种方式，叫作 HJF（快乐积分）。它是一种与金钱无关且基于人性的管理手段，适用于以人为本的企业，适用于公司全员。

HJF（快乐积分）在管理中有什么样的价值呢?

第一，它是基于文化的一种管理，是一种企业文化。

第二，它是回归人性的一种管理，不再动不动就批评员工，也不会动不动就惩罚员工。它让员工通过努力工作换取积分，然后再用积分换取福利，使他们得到更多的荣誉感。

第三，可以 360 度量化管理。管理者发现员工主动打电话给客户，这值得表扬，但是奖励他 50 元好像又不太合适。其实，表彰员工的优秀行为不一定非要给他钱，因为员工可以通过努力挣课时费，也可以通过招生得到提成和奖金。换一种思考方式，我们可以给他发积分，而积分的多少会直接影响他能够享受多少福利，这样我们就可以 360 度地量化员工的行为。员工乐于帮助同事、积极备课、在早会上积极发言等，都可以获得积分，这样就做到了 360 度量化管理。

第四，它是一种可以实现归属感的管理。员工在学校工作的时间越长，积分就会越高；积分越高，能够换取的福利就越好。当员工一次又一次去兑换更好的福利时，他就有了归属感，他越来越不愿意离开这个有爱、有梦想、充满浓浓情谊的团队。只要员工不辞职，积分就会一直保留。

那如何在学校里实施快乐积分呢？给大家分享培训学校实施快乐积分的**四大关键词**。

第一个关键词：一人双分。也就是说，每一个员工身都有两个积分。

第二个关键词：奖惩标准。为了能够 360 度量化员工的管理，我们要把奖惩标准制定出来。

第三个关键词：积分记录。当员工得到积分时，我们要及时把积分记录下来，让他知道自己的排名及在团队中的排名，让他了解自己离下一个福利还差多少积分，让他随时随地都能会有一种成就感，如图 1-16 所示。

XX学校2018年上半年积分管理记录表												
编号	所属部门	姓名	1月					2月				
			A积分	是否抽奖	A积分剩余	B积分	是否兑奖	A积分	是否抽奖	A积分剩余	B积分	是否兑奖
001	校长办	李莲	360	✓	60	1620	✓	420	✓	120	2050	✓
002	行政部	庞小青	320	✓	20	1200	✓	340	✓	40	2050	✓
003	教务部	赵晓辉	170		170	1910	✓	340	✓	40	2280	✓
004	教学部	李静	190	✓	10	1200	✓	320	✓	20	1255	
005	教学部	李轩	160		190	1150	✓	380	✓	80	1630	
006	教学部	张齐涛	240		160	1400	✓	320	✓	20	2235	✓
007	教学部	王韦	300		240	1455	✓	480	✓	180	1980	
008	教学部	程铭进	200	✓	0	1360	✓	290		290	1510	
009	教学部	房启超	220		220	1280	✓	520	✓	220	1980	
010	市场部	李建	260		260	1690	✓	400	✓	100	1955	
011	市场部	周静	220		220	1450	✓	440	✓	140	1645	
012	市场部	徐小伟	190		190	1005	✓	380	✓	80	1220	

图 1-16　积分记录，体现成就感

第四个关键词：福利激励。当员工获得一定的积分时，他就能够获得相应的奖品。例如，获得 5000 分，可以换一个洗脚盆；获得 10000 分，可以兑换两天的带薪假；获得 30000 分可以兑换一辆自行车等。积分越高，可以兑换的奖品就越好。

如何在自己的学校里快速地实施快乐积分呢？

首先是一人双分。一人双分的目的是能够 360 度考核员工。

双分包括 A 积分和 B 积分。A 积分，也叫作通用积分；B 积分，也叫作岗位积分。**通用积分**全员适用，不管是教学老师、市场主管、还是前台，只要是学校的员工都可以使用通用积分。例如老师全勤、写了工作计划、有正能量，都能够获得积分。

岗位积分，也就是说，不同的岗位有不同的积分。例如，教学老师每备一次课可以加 20 分，每上一次课加 30 分，这只针对老师岗位。市场主管每做一次地推活动可以加 20 分，每邀请一位家长来听体验课可以加 100 分，这只针对市场岗位。此外，行政前台等岗位都可以根据岗位性质和工作内容设置不同的加分规则。

其次，奖惩标准有张有弛。A 积分是通用积分，每个月的总量尽量控制在每人 200～400 分。如果员工做得不好，也可以扣分，例如员工在周末请假。周末是培训学校最忙的时候，这时请假对于培训学校来说是很大的忌讳，对于在周末请假的员工应扣 200 分，不参加集体教研的员工扣 200 分等。

提醒各位校长，多数情况下应该加分，只有对那些不服从管理、遭到家长投诉的员工才扣分。扣分一定要严格，每次扣 1000～2000 分。

每个月的 A 积分乘以 2，记入当月的 B 积分中。也就是说，每个员工获得的通用 A 积分都是他 B 积分的一部分。A 积分有 A 积分的奖励政策，B 积分有 B 积分的奖励政策。

B 积分每个月要控制在每人 8000 分左右。员工备课、有业绩、主动补课、续费做得好都可以加分。B 积分每月要控制在 8000 分，而 A 积分要控制在 200～400 分。为什么要这样做？其实是为了控制成本，因为积分数直接关系到我们提供给员工的福利。

再次，积分记录，要体现仪式感。校长可以定制一种积分币，奖励给员工积分币。每天下班的时候，员工把积分币交给前台负责记录的老师，有多少个积分币就有多少积分，前台老师可以直接用一个 Excel 表统计。

从图 1-16 可以看到，某学校整个校区有 12 个人，有校长办、行政部、教务部、教学部及市场部，每个员工 1 月获得了多少 A 积分？员工有没有获得抽奖的机会？剩余积分是多少？B 积分是多少？这些都可以通过 Excel 表来统计。

最后，激励的策略应长短结合。

A 积分是一种短期激励，它是按月来进行的，可以规定达到 300 分就可以获得一次抽奖的机会，所以 A 积分可当作抽奖激励。为什么我们一定要设置抽奖激励而不是直接定额定奖呢？就是要让员工有希望，有希望才不会绝望。学校设置的奖品除了常规的捶背仪、洗脚盆、电饭煲，也需要设置大奖，如 iPhone X、戴森吹风机等。

重要的不是抽奖的结果，而是抽奖的过程。499 元的奖励只有一个，员工会希望自己可以获得足够的积分得到抽奖资格，抽走那个大奖。当然，更多的员工抽走的是一般的奖品。抽到好的还是抽到低档一点的奖品，都是员工的手气，也是一种快乐，所以我们把它叫作快乐积分。

A 积分达到 300 分就可以换抽奖券，抽完奖之后 300 分就要被扣掉，下个月在剩余的积分上累加，达到 300 分又可以抽奖。A 积分更像是商场的购物积分，达到一定的积分就可以抽奖，抽完奖就扣除。

把 B 积分作为长期激励，终生有效，不清零不作废。当员工获得 5000 分，换走了他该得的奖品以后，5000 分不会像 A 积分一样被扣掉，而是在 5000 分的基础上继续累加，累加到 10000 分，他就可以获得 10000 分的奖品。获得 10000 分奖励后，不会扣掉这 10000 分，继续累加达到 15000 分，他就会获得 15000 分的福利。员工在学校里工作的时间越长，B 积分就越高，在这样的刺激和激励下，员工会有强烈的归属感。当他换了 20000 分的奖品时，他就会发现 25000 分还有一个更好的奖品，再努力一下，再得 5000 分就可以获得。于是他就会想，这么好的学校，这么好的福利，在工资和别的学校差不多的情况下，为什么不继续在这干下去呢？

当然，校长们还可以设置一项非常有利的政策，如果员工辞职了，B 积分会保留 6 个月，这其实是为了吸引离职的员工再主动回来的一种策略。

关于积分管理的优势分析一共有三个方面，如图 1-17 所示。

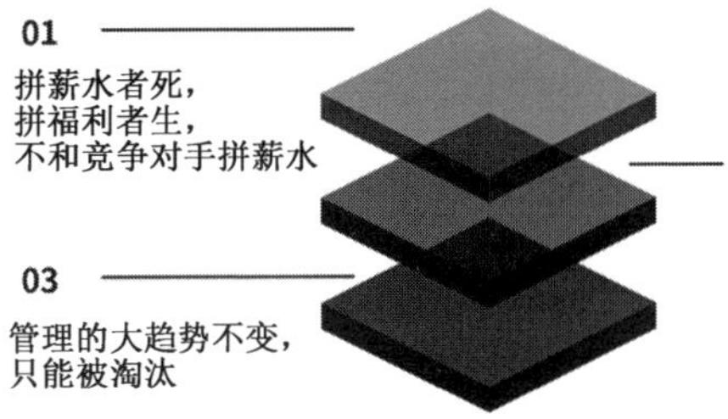

图 1-17　积分管理的优势分析

第一个方面，拼薪水者死，拼福利者生，不和竞争对手拼薪水。其实教育行业的利润已经很少了，与竞争对手拼薪水，拼到最后利润没了，现金流断裂，无疑是把学校推向了风口浪尖，推向了悬崖。我们一定要和竞争对手拼福利，福利一定要超过所有竞争对手，这样，员工就会觉得这家学校有更优厚的福利，只要不断坚持，福利就会越来越好。

第二个方面，员工更稳定，考核更全面。大家会发现实施快乐积分之后，员工不会怨声载道，也不会不喜欢考核了，而是求着校长考核自己，为什么？因为考核的内容越多，99%都是加分项，他的积分就越高，他的积分越高，能换的奖品就越好。其实，学校考核的内容是员工平时都在做的，做了会有奖金和提成，在有奖金和提成的基础上再给他加积分，积分越多，他能换的奖品就越好，那么员工是不是会更积极地工作？

在朗培集团，员工累计 20 万积分就可以获得 1 万股分红股。员工只需要获得 20 万积分，就可以成为整个集团的股东之一，这对员工而言有巨大的吸引力。

第三个方面，管理的大趋势不变，只能被淘汰。未来已来，所有学校都在推陈出新，不管是课程产品管理思维、运营思维还是战略定位，所有的校长都在积极创新。笔者认为，最应该创新的其实是管理思维，而对于积分管理，快乐积分这种管理手段就是一种创新，是员工更喜欢、更愿意接受的一种考核手段。

1.8 锁定教学质量的课时费发放方式

在学校运营管理中，很多校长对课时费发放方式有疑问。自己已经按照学校制定的标准给老师合理地发放课时费，可是在半年、一年甚至数年的经营过程中，为什么学校的教学质量还是没有大幅度提升呢？不仅如此，学校还要面对家长对老师的投诉，还因教学质量不好而流失生源。校长总觉得花了大量的精力、成本、课时费，却连教学质量都无法保证，到底是为什么呢？所以这里我们要谈到的不是课时费如何发放，而是锁定教学质量的课时费如何发放。

给大家分享一个案例。笔者曾在重庆一个具有综合体性质的文化艺术学校做了为期一周的落地指导。这个学校有接近 30 个科目，有三层楼，学校学生净人数是 1200 多名，拥有全职老师 20 多名，兼职老师 40 多名。课程的形式也很多样化，一对一、一对二，精品小班、中班、大班。但是这个学校的管理十分混乱，很多老师对课时费都有很大意见，他们普遍认为学校的课时费评级不清晰，存在许多不公平的支出。这个学校的负责人也是焦头烂额、唉声叹气，和我在交流的过程中很不自信，态度消极。

其实，对课时费发放模型进行重新梳理，不仅能解决课时费合理公平发放的问题，还能解决任课老师状态的问题，同时有助于教学质量的提升，当然，也避免了管理上的一些人情式、情绪式的问题。那么课时费到底该如何发放呢？对这一家综合体性质的文化艺术学校应如何做呢？

首先，给大家介绍课时费的精准意义和定位。学校为什么一定要给老师发课时费？为什么一定要制定出合理的课时费？**其实有三个原因**。

第一，展示个人能力。给老师发课时费，是为了让老师在教学过程中有展示个人能力的机会。**第二，体现经济价值**。把课时费作为经济价值的参考依据以此衡量每个老师的价值差异，老师拿到的课时费越多，价值就越高；老师拿到的课时费越少，可能在学校里的价值就越低。**第三，交换劳动成果**。用老师付出的劳动成果换取同等价值的课时费。作为校长，付出价值合理的课时费以后，换来教学质量提高。

这三个原因，不管是个人能力、经济价值还是交换劳动成果，其实都是为了让老师认真工作、踏实工作。课时费到底属于什么范畴？薪酬等于薪加酬，薪指的是收入，酬指的是福利。收入又包含三部分，工资、提成、奖金，课时费到底属于工资，提成，还是奖金呢？首先要明确工资、提成和奖金的区别。工资是“干了就有的”，哪怕老师在学校里喝茶、看报纸，只要你上班了，就要给你工资，这叫作工资。那什么叫作提成？提成是干出成绩才有的，去招生，不管天热还是天冷，如果一个学生都没招回来，那么你就只有工资没有提成，因为你没有干出成绩。提成是什么？提成是“干出了成绩才有的”。什么是奖金？奖金是“干好才有的”。因此大家要明白工资、提成和奖金的区别。

而很多学校课时费的发放方式是把课时费当工资发的，老师只要去上课就有课时费。但是我们要知道，要用课时费换回什么——其实我们想用课时费换回教学质量和口碑。哪些因素可以体现教学质量，哪些因素可以体现口碑呢？当然是续费率、家长的满意度、转介绍率，所以课时费是不是应该和结果有一定的关系呢？续费率越高拿得越高，转介绍率越高拿得越高，家长的满意度越高拿得越高。课时费不能再当成工资发放，而应该当提成发放，不是老师上了课就有，而是上好课才有。当然，课时费还可以当奖金发放，大家同样都拿一节课 50 元的课时费，但是有人教得好、续费率高，可能能拿 60 元、80 元，多余的钱以奖金的形式奖励给员工。所以，课时费应该按照提成发放，才能够最大限度地激发老师的能动性，提高教学质量。

我们该如何创新课时费的发放方式呢？下面和大家分享**三种发**

放方法，大家可根据自己学校的情况做调整。

第一种方法，双因素考核法。

第二种方法，双节点发放法。

第三种方法，课销式综合法。

先来看第一种，双因素考核法。这种考核方法有一个最大的优势，就是想要什么就考核什么：想要续费率就考核续费率；想要老师的工作饱和度就考核老师的满班率；想要考核老师的出勤率，那就考核他的出勤率。但是要记住，最多只考核老师的两个因素，要从众多想要考核的因素里挑选出你认为最重要的两个。

首先来看第一个模型，如图 1-18 所示。

授课老师课时费激励（单位：元/次课）									
		满班率							
		65%以下	65%～70%	70%～80%	80%～90%	90%～110%	110%～130%	130%～150%	150%以上
续班率	65%以下	0	20	30	40	50	60	70	80
	65%～70%	20	30	40	50	60	70	80	90
	70%～75%	30	40	50	60	70	80	90	100
	75%～80%	40	50	60	70	80	90	100	110
	80%～85%	50	60	70	80	90	100	110	120
	85%～90%	60	70	80	90	100	110	120	130
	90%～95%	70	80	90	100	110	120	130	140
	95%以上	80	90	100	110	120	130	140	150

图 1-18　授课老师课时费激励 1

考核老师的两个率，横向为满班率，纵向为续班率，满班率分为 65%以下、65%～70%、70%～80%、80%～90%、90%～110%、110%～130%、130%～150%、150%以上共 8 个档。续班率也分为 8 个档，老师的满班率低于 65%，续班率也低于 65%，那他什么都拿不到。如果满班率和续班率均达到 65%～70%，老师一节课可以拿 30 元。如果满班率达到 150%以上，续班率达到 95%以上，老师一节课可以拿 150 元。因此，工资拿多拿少不是校长说了算，而是老师说了算，而且他知道如果要拿高的课时费只有两种方法：要么多带班，多带学生，提高满班率；要么维护好学生，提高续班率。

然后来看第二个模型，如图 1-19 所示。

授课老师课时费激励（单位：元/次课）									
		老师级别							
		实习老师	初级老师	中级老师	高级老师	金牌老师	钻石老师	专家老师	校长级别
续班率	65%以下	0	20	30	40	50	60	70	80
	65%～70%	20	30	40	50	60	70	80	90
	70%～75%	30	40	50	60	70	80	90	100
	75%～80%	40	50	60	70	80	90	100	110
	80%～85%	50	60	70	80	90	100	110	120
	85%～90%	60	70	80	90	100	110	120	130
	90%～95%	70	80	90	100	110	120	130	140
	95%以上	80	90	100	110	120	130	140	150

图 1-19 授课老师课时费激励 2

除了考核满班率、续班率，还可以考核续班率和老师级别。

图 1-19 的横向是老师级别，把老师分为实习老师、初级老师、中级老师、高级老师、金牌老师、钻石老师、专家老师和校长级别，而纵向为续班率。

当老师是实习老师时，他的续班率若低于 65%，他的课时费为 0，但是如果他的续班率达到 95%以上，他一节课就可以拿到 80 元课时费。工作两个月转正后，成为初级老师，他的课时费会随之增加。

第三个模型，如图 1-20 所示，纵向是续班率，为什么模型的纵向都是续班率？因为续费是学校的"生命线"，续费是学校盈利的主要手段，也是学校口碑的保障。第三个模型的横向是带班数量。不同的带班数量和不同的续班率对应每一节课的课时费是不一样的。

授课老师课时费激励（单位：元/次课）									
		带班数量							
		1个班	2个班	3个班	4个班	5个班	6个班	7个班	8个班
续班率	65%以下	0	20	30	40	50	60	70	80
	65%～70%	20	30	40	50	60	70	80	90
	70%～75%	30	40	50	60	70	80	90	100
	75%～80%	40	50	60	70	80	90	100	110
	80%～85%	50	60	70	80	90	100	110	120
	85%～90%	60	70	80	90	100	110	120	130
	90%～95%	70	80	90	100	110	120	130	140
	95%以上	80	90	100	110	120	130	140	150

图 1-20　授课老师课时费激励 3

第四个模型，如图 1-21 所示，纵向为续班率，横向为业绩情况。当然，也可以把业绩情况变为转介绍的数量，然后把转介绍数量转化为业绩，实现双因素考核。

授课老师课时费激励（单位：元/次课）									
		业绩情况							
		2000元以内	2000～5000	5000～8000	8000～10000	10000～15000	15000～20000	20000～25000	25000以上
续班率	65%以下	0	20	30	40	50	60	70	80
	65%～70%	20	30	40	50	60	70	80	90
	70%～75%	30	40	50	60	70	80	90	100
	75%～80%	40	50	60	70	80	90	100	110
	80%～85%	50	60	70	80	90	100	110	120
	85%～90%	60	70	80	90	100	110	120	130
	90%～95%	70	80	90	100	110	120	130	140
	95%以上	80	90	100	110	120	130	140	150

图 1-21　授课老师课时费激励 4

第五个模型，如图 1-22 所示，纵向为续班率，横向为入职年限，老师工作时间越长拿的课时费就越多，续班率越高拿的课时费就越多。通过这样的考核方式，老师就会知道，在学校多干几年，个人收入一定会增加。

授课老师课时费激励（单位：元/次课）									
		入职年限							
		3个月内	3～6个月	6个月～1年	1年～1.5年	1.5年～2年	2年～2.5年	2.5年～3年	3年以上
续班率	65%以下	0	20	30	40	50	60	70	80
	65%～70%	20	30	40	50	60	70	80	90
	70%～75%	30	40	50	60	70	80	90	100
	75%～80%	40	50	60	70	80	90	100	110
	80%～85%	50	60	70	80	90	100	110	120
	85%～90%	60	70	80	90	100	110	120	130
	90%～95%	70	80	90	100	110	120	130	140
	95%以上	80	90	100	110	120	130	140	150

图 1-22　授课老师课时费激励 5

第六个模型，如图 1-23 所示，纵向为续班率，横向为团队整体续费率。

授课老师课时费激励（单位：元/次课）									
		团队整体续费率							
		65%以下	65%～70%	70%～80%	80%～90%	90%～110%	110%～130%	130%～150%	150%以上
续班率	65%以下	0	20	30	40	50	60	70	80
	65%～70%	20	30	40	50	60	70	80	90
	70%～75%	30	40	50	60	70	80	90	100
	75%～80%	40	50	60	70	80	90	100	110
	80%～85%	50	60	70	80	90	100	110	120
	85%～90%	60	70	80	90	100	110	120	130
	90%～95%	70	80	90	100	110	120	130	140
	95%以上	80	90	100	110	120	130	140	150

图 1-23　授课老师课时费激励 6

对老师而言，除了要考核续费率，也要考核团队的续费率。能力强的老师要帮助能力弱的老师，团队的整体续费率提高，每人拿到的课时费才会越多。

总之，双因素考核方式多种多样，它的优势有以下三个。

第一，对校长来说，想要什么就考核什么，我们给了大家很多模板，大家可以从中挑选。

第二，双因素考核简单易操作，一个表格就可以搞定复杂的课时费发放方式。

第三，双因素考核有两种考核，学校想要什么就考核什么，如教学质量、教学口碑、老师的出勤率、团队的平均续费率，简单易操作。大家可以利用这种双因素考核改变学校课时费的发放方式。

第二种，双节点发放法，如图 1-24 所示。

图 1-24　双节点发放法

什么叫作双节点发放法？双节点发放法就是把课时费分为**两个维度**。

第一个叫作基本课时费。

第二个叫作优质课时费。

什么是基本课时费？基本课时费就是“干了就有”，只要老师上课就会给他发课时费。

什么是优质课时费？优质课时费就是“干好才有”，等到学期结束了再发给老师。

例如，老师的课时费是 100 元一节课，学校每个月会先发给你 60 元，只要你上课就有，不管最后的续费率怎样都会给你。那还剩下 40 元怎么办？剩下 40 元，学校再贴 20 元，总共 60 元，等学期结束了，续费率达到要求了，就把这 60 元发给你；如果没有达到要求，可能就不会发给你了。所以，当利用双节点发放法之后，首先老师每个月有了一定的保障，虽然从 100 元降到了 60 元，但至少每个月也是能够拿到课时费的。更重要的是他知道他还有 60 元的课时费，而要拿到这 60 元的课时费，一定要把课上好、提高续费率、满意度、把转介绍、出勤率等做好；如果没有做到，这 60 元就没有了。对于学校来说，本来要发 100 元的课时费，但现在老师没有做好，只发了 60 元，如果做好了发 120 元，虽然比原来的 100 元多了 20 元，但这是在老师做得好的情况下，所以虽然看上去多付出了 20 元，但是换回来的利润肯定不只 20 元。

大家会发现，双节点发放法更加简单、直接。例如，学校的课时费是 100 元，那就可以跟老师讲，先发你 60 元，剩下的 40 元给你加上 20 元，等达到给你制定的指标时，这 60 元就会发给你。想让老师达到 80%的续班率，只要你上课了就先发给你 60 元；续班率达到 80%，就发给你 40 元；续班率达到 90%，就发给你 50 元；续班率达到 100%，就发给你 60 元，让老师们能够把课上好。我们来看双节点课时费的模板。原来假设一次课的课时费是 80 元，那现在呢？按 60%，80×60%，即每上一次课给老师 48 元，学期结束后如果续费率达到 80%，则给老师发放优质课时费 32 元，相当于老师拿走了 80 元。如果续费率达到 85%，就给老师 40 元，续费率达到 90%，就给老师 48 元，你会发现当老师的续班率达到 90%的时候，他总共拿走了 96 元，而原来只能拿 80 元。对于校长来说虽然多了 16 元，但续费率从原来的 80%提高到 90%，用 16 元一节课的课时费提升了续班率。不妨把现有的一次性发给老师的课时费分成双节点课时费，这对老师有了更多的促进作用，更重要的是能提高教学质量和口碑。

双节点发放法的优势有以下四个。

第一，老师每个月有保障，因为每个月都有基本课时费。

第二，他达到了一定的指标，就会拿更多课时费，积极性提高，教学质量也会提高。

第三，我们把课时费分成每月发一部分，学期结束后再发一部分，会降低学校现金流的压力。

第四，对于老师就中途离职的情况，我们也能把握。老师离职了，学期结束后才发的那 40%的课时费就不会再继续发给你了，这也是对老师中途离职的一种限制。

第三种，课销式综合法，什么叫作课销？课销指的是每个月消耗的学生学费，如图 1-25 所示。

图 1-25　课销式综合法

收来的学费其实都是预收款。也就是说，如果每个月收了 10 万元学费，花出去 8 万元，剩下 2 万元，但这 2 万元并不是利润。收来的这 10 万元是学生一学期的学费，也就是 4 个月的学费，甚至有人交了一年 12 个月的学费，没有消耗的永远是负债，只有消耗了的才是利润。所以校长在发放工资和课时费时，要特别关注课销量。月课销量如何计算呢？月课销量等于学校一个月消耗的课时总费用，即上了多少次课。例如，老师一个月上了 4 次课，共有多少学生来上课？如果有 100 个学生，那就是 4 次课乘以 100 个学生，即上了 400 次课。1 次课多少钱？假设 1 次课平均为 100 元，就拿 400 乘以 100，这一个月的课销量就是 4 万元。如果花出去 3 万元，就赚 1 万元；如果花出去 5 万元，就亏了 1 万元。

对于老师的课时费，要用课销量的百分比进行设计，如老师的工资可以是底薪加个人月课销总量的 14%～20%。假设老师当月带了 100 个学生，上了 4 次课，那就等于上了 400 次课；共 100 个学生为 100 元，乘以 100，他的课销为 4 万元。假设给他定的标准是 15%，4 万元乘以 15%，即他有 6000 元的课时费；他的底薪如果是 1500 元，他就拿了 7500 元。所以这个老师拿到的课时费是基于他当月课销总量的，那他该如何增加课销总量呢？第一，多上课，一周上一次课和一周上两次课是完全不一样的；第二，多带班，多带学生；第三，学生的出勤率要高。当然，对于市场部老师也可以用课销量来确定他的提成和工资，底薪加个人招生月课销总量的百分比为 14%～20%，校长们可以根据自己学校的情况调整。市场部老师的课销量怎么算？假设他这个月招了 10 个学生，共消耗了 2 万元，那就拿 2 万乘以 10%，即 2000 元。下个月他又招了 10 个学生，那他拿的提成就会更高。也就是说，在学校里干得越久，老师招的学生就越多，当月课销就越多，他拿的提成就越多，所以他就越不舍得离开。其实对于市场部老师来说，这种方法可以促使他们努力。随着在学校干的时间越久，积累的客户越多，他的收入就越高。

一周上一次课和一周上两次课有什么区别？第一，一周上两次课学校的利润会翻倍。因为利润是按照课销来计算的，学生多上了一次课，课销就多了，利润就会翻倍。原来课销是 4 万元，减去 2 万元，赚 2 万元；但是如果多上一次课，课销就变成 8 万元，8 万元减去 2 万元，赚 6 万元。

第二，老师的收入也不同。在这种制度下，老师愿意多上课，这样课销就会大量消耗，利润就会大幅度增加，老师的工资也会大幅度提升。

课销式综合法的优势有三个。

第一，它更像是一种合伙人制度。这相当于把课销当成一个项目，大家瓜分它，校长占 50%、执行校长占 20%、老师占 15%、市场占 15%，相当于赚了钱大家一起分。

第二，最大限度地激发了老师的能动性。老师有很多个因素要关注：上了多少次课，有多少学生出勤等。收费价格提升了，他的课销也在提升。上课的学生人数、出勤率等，都和他的课销有关，而课销又和他的收入有直接关系，这就是 360 度考核。

第三，风险共担。课销越多，学校的利润就越高，老师拿的工资就越高；课销越少，学校的利润就越少，老师拿的工资就越少。大家就像一根绳上的蚂蚱，风险共担。

只要明确了各个条件的基本构成要素，在课时费发放中，就能够保证没有错误，避免管理失误。其实在学校的管理运营中，老师课时费发放的问题只是管理中一个环节中的问题。管理，其实就在于突破每个环节，进行有利于学校和团队之间的公平性管理，一个公平、共享、共赢、长期发展的平台才是永久发展的基石。在经营学校的过程中，校长更应该掌握以点破面、重组管理框架的方法，切忌一直停留在过去。走出自己的世界，多去和同行交流，向那些快速发展的平台取经，才能在教培路上前行。

1.9 如何让“菜鸟”老师变为“凤凰”老师

在教培行业，老师是稀缺资源，学校不只是招聘优秀老师的地方，而是一定要变为一个培养优秀老师的地方。

第一个案例如下：

张校长的学校在一年时间内从两个校区迅速扩张到十几个校区，规模变大了，但是学校的经营状况却并不好。校区扩张的速度太快，人才培养没有跟上，学校的管理陷入了极度的混乱中。很多新加入的老师不是态度不积极就是能力不够，而学校里带团队的中层人员也不知道该如何提升新老师的能力，教学质量和口碑都毫无起色，就更别提招生和服务了。在短时间内学校虽然做大了，校区多了，但是学校陷入了困境。

其实，对于校长来说，总会遇到有关人才培养的问题。在学校发展过程中，人才的短缺是一道不可逾越的鸿沟。

不妨来思考一下，新老师在成长过程中一般会遇到哪些问题？哪些问题会使我们无法培养出优秀的老师？

新老师在成长过程中一般会遇到以下五个问题。

第一，工作不积极，不认真。

第二，能力提升缓慢，成长速度太慢。

第三，学习的悟性差，没有学习力。

第四，不忠诚，负能量较多，动不动就辞职。

第五，每天都忙忙碌碌，却无法满足出学校的要求。

人才培养的所有问题也就是三个方面，如图 1-26 所示。

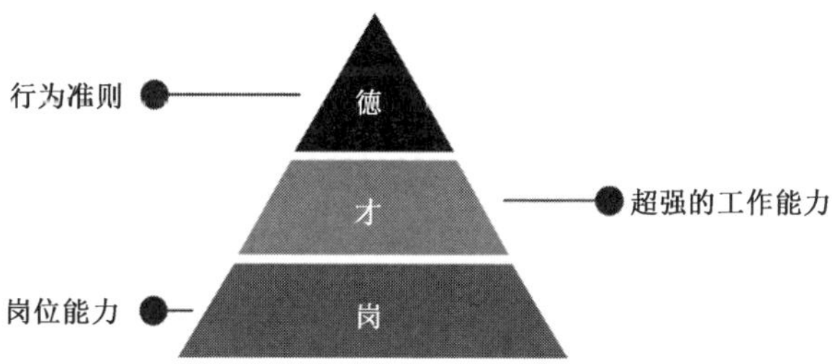

图 1-26　老师快速成长之路——金字塔模型（自上往下进行培训）

第一个是“德”。

第二个是“才”。

第三个是“岗”。

所有的校长都需要，也都想要一个德才兼备的员工，德才指的就是“德”和“才”。“德”指的是行为准则，即老师的道德是否高尚，工作态度是否端正，为人是否正直。“才”就是说在他的岗位上是否有超强的工作能力。作为一个老师，演说力、授课能力、招生能力、感悟力、逻辑力，都是他们要具备的工作能力。“岗”就是适应岗位的能力，授课老师要具备讲课的能力，招生老师要具备招生的能力。

那么“德”、“才”、“岗”三个要素，到底是先有“岗”，再追求“才”，最后追求“德”；还是先追求“德”，再看“才”，最后考虑“岗”呢?

老师快速成长之路——金字塔模型,是自上往下对员工进行培训和培养的。也就是说，先培养一个人的“德”，然后是“才”，最后才是“岗”。如何让“菜鸟”老师变为“凤凰”老师？就是要从“德”、“才”、“岗”，由上到下地进行培养。

首先来看**第一个大的维度——“德”，即行为准则**。行为准则是最关键的要素，我们从两个方面来分析。第一个是员工独处时的样子，第二个是他面对利益时的样子。在利益面前，往往会体现一个人的本性和本质。如何通过这两方面去评判一个人的品德及行为呢?

这里分享两个案例。

第一个案例与笔者人生中最重要的导师有关。笔者刚加入民办行业时，有一个导师姓常，也就是常校长。

有一次笔者加班到很晚，只剩笔者一个人的时候，笔者去上厕所，刚走出办公室便发现走廊上有一个人在笔者前面，这个人就是常校长。他在走廊上走的时候，突然发现他面前有纸屑和一个烟头，这时他肯定没有看到笔者。就在那一瞬间，他弯腰把地上的纸屑和烟头捡起来，扔到了垃圾桶里。在那一瞬间笔者被感动了，有这样的人做自己人生的导师，是笔者一生的幸运。在没有人的时候，他做的事情是遵循本心的，而这个行为是一个人最起码的道德准绳和行为准则。所以越是在没有人的时候，就越是考验一个人道德的时候。例如，教室脏了，在没有人的时候，老师是否愿意去打扫?

第二个案例是，在笔者做校长以后，有一个员工帮笔者带了 11 个班，而且需要在少年宫和学校之间来回奔走，他又要在 4 个校区来回上课。每次 12 点下了课，他还要在一点半之前赶到另一个地方，由于要吃午饭，赶公交车肯定是来不及的，所以就只能坐出租车，车费由公司给他报销。有段时间学校运营非常困难，现金流不足，这个老师硬是整整 3 个月没来报销他的车费。等到学校情况好转后，他才把自己的票据拿过来，他知道学校的运营情况不太好，所以这 3 个月就自己先垫付了出租车费用。笔者认为这个员工有着良好的品德，他懂得感恩。所以这样的行为准则是把“菜鸟”老师培养为“凤凰”老师最重要的衡量标准。

很多学生遇到这样那样的情况就会请假，而老师为他们补课是没有课时费的。老师是否愿意并主动给自己班上的同学补课，这就是他与利益相关时的样子。

我们可以在没有任何提前通知的情况下，抽查老师的备课，这样就能够看出一个老师是不是具有责任心。其实，衡量一个老师未来能不能成为“凤凰”老师的标准，并不是他上课上得有多好，而是这个人是不是有责任心，是不是有道德。

第二个维度是“才”，即超强的工作能力。当老师具备了行为准则以后，我们要做的事情就是尽可能快速地提升老师的工作能力。

世界500强企业微软的员工培训注重的是“传帮带”。微软公司的理念是70%的经验在工作中获得，20%的经验从同事那里获得，10%的经验从专业培训中获得。

他们的核心培训方法主要包含两个部分：第一是上级和同事的言传身教，第二是为新员工寻找一个导师，而这个导师通常是员工工作部门之外的、其他部门的资深员工。

其实，微软这样做的目的就在于为员工创造了解自己工作领域以外业务的机会，以培养他们在本职工作外的能力和发掘他们的其他潜能。我们通过微软的员工培训可以看出，超强的工作能力并不是在本职工作中磨炼而来的，而是从其他各个岗位中磨炼汇总而来的。例如，一名老师在老师的工作岗位上磨炼出来的并不是他超强的工作能力，只是他的岗位能力；岗位能力是最基础的，超强的工作能力一定是从其他岗位中磨炼而来的。假设让老师去招生，那就是在培养他的销售意识，当他有了销售意识，这个老师就具备了超出自己教学岗位的能力。假设让他去做前台、做教务老师，那他就会有服务意识。假设让他去做咨询师，让他去谈判，他就有了强大的沟通能力及了解家长需求的能力。老师的学习力、感悟力、逻辑力、演说力等，都可以让他们在学校的不同工作岗位中磨炼而获得。

作为“凤凰”老师，必须具备超强的工作能力，而超强的工作能力往往来自四个方面。

第一是思维逻辑力，第二是学习悟性力，第三是高效结果力，第四是销售意识力。

这些超强的工作能力一定不是他自己训练而来的，而需要校长刻意训练。

所以很多校长陷入了一个误区，认为把一个“菜鸟”老师培养成“凤凰”老师，就是让他不停地备课练课、教研练课。其实，那样训练出来的只是老师的岗位能力。要把一个“菜鸟”老师培养为“凤凰”老师，首先要关注这个老师的道德。当没有人时、和利益相关时，若他仍是一个有道德的人，再去培养他。

第一种方法是刻意训练员工的某些关键行为，给大家举两个例子。第一，逐字稿的体验课。一个不能上体验课的老师永远不能成为“凤凰”老师，也永远不能成为优秀的老师。反过来，只要老师能够把体验课讲好，日常的课他也一定不会讲得太差。我们可以把学校最优秀的老师上体验课的过程录下来，然后把它变成文字，变成逐字稿。所有的“菜鸟”老师都必须通过逐字稿去练习上体验课，训练结束能达到上体验课的标准最好，就算没达到标准，他上课的水平也不会太差。体验课是最难讲的，所有的新老师都必须过体验课这一关。这是让老师从“菜鸟”老师变为“凤凰”老师最快捷的一种方法。

第二，用视频回放来训练。当“菜鸟”老师已经达到上课的标准，他上课时，在前几次课一定要为这些老师录制视频，然后拿出专门的时间，大家边放视频边进行研讨。讨论这句话该怎么说，这个动作该怎么做，这个问题该怎么来提，这个地方该怎么给学生展示，一步一步地分析。通过回放视频让老师知道这句话该这样讲，这个地方该这样提问，这个动作该这样展示，这个互动该这样做——这也是“菜鸟”老师变成“凤凰”老师的关键。

没有经过其他岗位磨炼的老师，永远没有办法成为真正的“凤凰”老师。“凤凰”老师既要懂服务、懂销售、懂家长的需求，还要懂怎么上课。

不妨从两个方面来落实这一训练方法。

第一，要求老师每学期必须和家长交谈 50 次以上。当老师和家长交谈时，让家长交钱的时候，老师就会知道原来招生、销售这么难，他就会珍惜用心招来的每一个学生。当然，在和家长交谈的过程中，老师会了解家长的需求，了解家长对老师的期望。相信当老师了解家长的需求、期望之后，他会更清楚该怎样把每一堂课上好，该怎样满足家长和学生的需求。

第二，要求老师拨打邀约体验课的电话。在上一章提到，学校想要提高人效，一定要做全员营销，就是让每一个人都去招生。老师最应该做的就是拨打邀约体验课的电话，每天打 26 个电话，一组 13 个，一天打 2 组。让老师们去拨打邀约体验课的电话，让他感受到邀约的不易，他就会珍惜每一个报名的学生；同时也让他了解家长的需求，更重要的是让他了解销售的流程，磨炼他的意志。

因此，一个优秀的“凤凰”老师，一定不单单是教课能力强。教课能力只是岗位能力，老师一定是一个对服务、对销售、对家长需求、对孩子需求全面了解的老师。要想快速地把“菜鸟”老师培养成“凤凰”老师，必须让老师进行刻意的练习。上面介绍了四个方法，逐字稿体验课训练法、视频回放训练法，以及每学期要和家长交谈 50 次以上，拨打邀约体验课的电话。

第三个维度是岗。要把“菜鸟”老师培养成“凤凰”老师是有顺序的。首先要关注老师的“德”，“德”过关了，才会培养他的“才”，而“才”不是在本职工作中训练出来的，它是通过刻意练习得到的，是在其他岗位中磨炼得到的。当德才兼备以后，再来培养岗位能力。

培养老师的岗位能力有三步，第一步是培训，第二步是训练，第三步是实战。

培训分为三种方法，第一，集中培训，集中的教研活动，集中的备课活动。

集中培训解决的往往是普遍存在的问题，例如学生调皮该怎么办？学生缺课该怎么办？学生在课堂比较沉闷该怎么办？学生不爱回答问题该怎么办？针对这种普遍存在的问题，每学期、每个月或每周都要进行系统的培训，由教学主管来负责，或由教学总监来执行。

第二，针对突发性问题进行有针对性的及时培训和计时培训。

有很多问题是突发性的，对于一些突发性问题，我们要灵活处理，有针对性地及时培训。

另一个形式是竞赛，学校通过组织各种考试、竞赛来提升培训效果。可以精选教育教学过程中的典型案例，让老师进行分析，从而提高老师理论与实践相结合的能力，通过多种方式让老师在培训中享受成功。所以，学校应该定期或不定期地组织一些这样的竞赛，大家相互学习，相互借鉴。要注意的是，竞赛前必须做好安排，竞赛中要相互点评，结束后必须进行总结分析，这样才能真正达到目的。

第三，线上打卡学习。在互联网时代，我们可以每个月和老师同读一本书，共同攻克一个教学难关。我们可以建一个微信群，让老师每天在群里分享读书的感受和攻克难关的方法，这也是一种培训的形式。

第二步是训练，训练包含备课、听课、评课、说课、学情分析等。

备课的实质是老师对学科思想的阐述，是他对学科知识体系的梳理，这是一个循环往复、逐步发展提高的过程。对于老师而言，备课是上课的基础；对于一门学科而言，备课是保证教学质量的基础。因此，从专业角度来看，“菜鸟”老师的第一关就是要解决备课的问题。

评课时，讲课的老师要认真介绍教学设计及自己的体会，评课的老师要实事求是地进行点评，指出优点和缺点，针对缺点提出改进建议，切忌走过场、不注重实效。

说课是一种提升老师讲课思路和逻辑性的重要方法，它包含说教材、分析教学内容、说学生、分析学情、说教学目标、说教法与手段、说教学过程、说教学效果的预测等，时间为每个人15～20分钟。

最后是学情分析。其实不管是备课、说课还是练课，很多学校在这些方面做得都很好，但是学情分析是被很多学校忽略的。学校可以把各个调研组的老师召集起来，让他们一起分析学生的情况，包括学生的学习情况、生活情况、纪律情况等。活动前要明确分析任务，如本次是要分析哪一类、哪个班或哪个年级的学生，参与活动的老师要做好充分的准备。活动时大家要积极发言，讲解自己了解的情况，阐述自己的看法，最终通过头脑风暴来解决问题，提出具体的措施。

第三步是实战。

第一，我们要做很多主题的分享，例如如何把游戏融入课堂、如何让学生在课堂中提升自己的美感等。

第二，上好第一堂课。通过个人形象、道具、班级文化等，让老师上好第一堂课，提升他的可塑性。

综上所述，老师快速成长之路一定要按照金字塔模型，要由上而下来进行培训。想要把“菜鸟”老师培养成优秀的“凤凰”老师，首先要关注他在没有人时的样子和他与利益相关时的样子，要告诉他哪些行为是一个优秀老师必备的素养。当他的“德”过关了，再去培养他的“才”。最后才是“岗”，我们通过培训、训练和实战来做好老师未来的规划。所以，一个优秀的“凤凰”老师一定是德才兼备，同时又有发展能力的老师。

一旦人才生产线这套标准和系统建立与完善了，人才培养的速度才能跟上来。人才培养的速度跟上来了，学校的难题也就解决了。

1.10 四级十等七薪：工资表解决方案

广州一家做少儿英语的校长这样说：“教培行业利润本来就已经很少了，可是老师还对工资不满意，总是每隔一段时间就要求涨工资，到底是应该涨还是不涨呢？”我们先来看这样一个情况，一个学校中，A 员工怂恿 B 员工对校长说：“校长，给我们涨工资吧，如果不涨工资我们就要辞职。”

请问，当员工要求涨工资同时以离职作为威胁时，作为校长该怎么办呢？

答案 1：给 A 员工、B 员工都涨工资。

答案 2：A 员工、B 员工都不涨工资。

答案 3：给 B 员工涨工资，A 员工不涨工资。

答案 4：给 A 员工涨工资，B 员工不涨工资。

你会选哪一个？其实对于是否该涨工资，真的很难决定。笔者想告诉各位一个事实，那就是不管是否涨工资员工都不会满意。

作为校长一定要知道，员工的工资到底是涨还是不涨，不是校长说了算，而是员工自己说了算。我们要把员工涨不涨工资这件事情的决定权交还给员工，这样员工才会心服口服。

其实当有员工要求涨工资时，就证明我们的工资体系已经出了问题。

很多校长也会抱怨："我都没赚到钱，如何给员工涨工资？"

其实，没赚到钱是因为我们没有把钱分对，而分钱其实很容易。

分钱容易分责难，责指的是责任。

学校的组织架构是不是完善的？员工是不是有晋升的空间？

核心是不同的岗位要有不同的岗位职责，初级老师有初级老师的岗位职责，中级老师有中级老师的岗位职责，主管有主管的岗位职责，执行校长有执行校长的岗位职责，只有职责和责任明确了，钱才能够分得好。

落脚点是完善晋升空间。让员工知道如何才能晋升，晋升一级后，收入是多少。所以，工资永远不是校长给员工加的，而是员工自己拿工作结果来换的。

为什么校长总是为薪酬发愁，员工对薪酬也不满意？原因就是涨不涨工资是校长说了算，员工自然就会把矛头对准校长。

但是如果我们把这个矛盾转移到员工身上，涨不涨工资不是由校长说了算，而是由员工自己说了算的时候，员工就再也不会找校长要求涨工资了。

校长可以从以下几个步骤来思考。

第一个步骤，要完善晋升空间，制定人才成长 A、B 计划表，如图 1-27 所示。要让员工知道，在这个学校里他拥有怎样的晋升空间。先把员工分为四个级别。

序列	人才A计划（管理序列）	人才B计划（专业序列）
员工级	实习老师	实习前台
	初级老师	初级咨询师
	中级老师	中级咨询师
	高级老师	高级咨询师
组长级	见习组长	见习明星员工
	组长	明星员工
主管级	见习主管	见习“特种兵”
	主管	“特种兵”
校长级	见习校长	见习“功勋员工”
	校长	“功勋员工”

图 1-27　人才成长 A、B 计划表

第一个级别是员工级，然后是组长级。组长级其实是介于中层员工和基层员工之间的一个实验岗，可以有学科组长，如数学学科组长、舞蹈学科组长，舞蹈学科组长又可以分为街舞学科组长、中国舞学科组长等。组长级再往上就是主管级，主管级的老师要分管一个部门，如教学部、市场部、行政部等。最后一个级别是校长级，他负责管理整个校区。

接下来再把这四个级别分为十个等级：实习老师、初级老师、中级老师、高级老师、见习组长、组长、见习主管、主管、见习校长、执行校长。员工入职后，从实习老师开始做起，未来的 2～3 年，要一层一层地往上爬，他能够看到自己未来成长的希望，有希望才不会绝望。这是我们的管理序列，我们将其称为人才 A 计划，将员工称为 A 类员工，就是未来要成为学校的中层、高层的员工——开分校就需要这样的人。要由主管带领教学团队，撑起新校区的教学工作。同时，要把执行校长派到新校区，让他承担起整个分校的招生、运营、管理、策划、服务等工作。当然，也要有学科组长带领该学科的老师完成教学计划、教学任务，也要有市场主管等。

当然，很多校长也会发现有的员工虽然个人能力很强、招生能力很强，但是因为太年轻或者管理能力不足，做不了管理者。校长即使硬把他推上组长或者主管的位置，他有可能不仅自己的业绩没做好，还带不好团队。那么该如何为他们安派工作呢?

这时就出现了人才 B 计划，也叫专业序列。这是指老师未来的晋升方向不是成为学校的管理者，而是成为专业人才，如老师专业人才、教务专业人才、行政专业人才。

例如，负责咨询的老师刚来的时候，可以做实习前台，然后可以晋升为初级咨询师、中级咨询师、高级咨询师。晋升到高级咨询师后，按照下一步规划，可以让他成为见习明星员工，他享受的待遇和见习组长是一样的。再往后依次是明星员工、见习“特种兵”、“特种兵”、见习“功勋员工”、“功勋员工”。

任何一家学校想要做大做强，都必须先强再大，首先一定要有专业的人才，然后要有管理的人才，二者相辅相成，才能把学校做强。

第二个步骤，有了人才成长 A、B 计划表，我们就可以利用这个表来确定工资了。

工资体现的不一定是工作结果，而是岗位差别。工资是“干了就有”，也就是说只要老师来上班，就能拿工资，干得好与坏是用提成和奖金来体现的，不影响基本工资。工资尤其是底薪，更多的体现岗位差别，初级老师拿 2000 元，中级老师拿 2500 元，岗位层级越高，底薪越高。例如，老师有 1 万元的业绩可以拿 2500 元，老师有 2 万元的业绩就可以拿 5000 元。人才成长 A、B 计划表把员工分为四级十等，通过岗位层级来制定不同的工资，这是第一步。

第二步，每一个层级之间的相差多少员工才有感觉呢？例如，初级老师的工资为 2000 元，要成为中级老师，应该将工资涨多少员工才有感觉呢？在西方的管理哲学中有一个数据，明确告诉我们涨幅应该达到 11.62%，约等于 12%，也就是说 2000 元要涨到 2240 元，员工才会有感觉。

校长借用人才成长 A、B 计划表就可以制定学校的四级十等七薪工资表了，如图 1-28 所示。

工资表解决方案——四级十等七薪								
系列	管理序列	专业序列	底薪	工龄工资	全勤奖	岗位工资	补助	合计
员工级	实习老师	实习前台师	1800元	100元/月/年	50元	0元	50元/月	2000元
	初级老师	初级咨询师	1800元	100元/月/年	80元	200元	100元/月	2280元
	中级老师	中级咨询师	1800元	100元/月/年	100元	400元	200元/月	2600元
	高级老师	高级咨询师	1800元	100元/月/年	120元	700元	200元/月	2920元
组长级	见习组长	见习明星员工	1800元	100元/月/年	120元	700元	200元/月	2920元
	组长	明星员工	1800元	100元/月/年	150元	1000元	300元/月	3350元
主管级	见习主管	见习"特种兵"	1800元	100元/月/年	150元	1000元	300元/月	3350元
	主管	"特种兵"	1800元	100元/月/年	180元	1300元	400元/月	3780元
校长级	见习校长	见习"功勋员工"	1800元	100元/月/年	180元	1300元	400元/月	3780元
	校长	"功勋员工"	1800元	100元/月/年	200元	1800元	500元/月	4400元

图 1-28　四级十等七薪工资表

图 1-28 中最左侧是四个级别：员工级、组长级、主管级、校长级。另外十个等（管理序列）分别是实习老师、初级老师、中级老师、高级老师、见习组长、组长、见习主管、主管、见习校长、执行校长。专业序列分别是实习前台、初级咨询师、中级咨询师、高级咨询师、见习明星员工、明星员工、见习“特种兵”、“特种兵”、见习“功勋员工”、“功勋员工”。把这四个级别及十个等级做出来之后，就可以设计员工的薪酬了。

最终工资的第一部分是底薪。举例来说，某一个城市，主管部门设置的最低工资标准假设是 1800 元，或者购买社保的最低基数是 1800 元，那么我们设置的底薪就是 1800 元，每个老师都一样。第二个就是工龄工资，这是很多校长会考虑的。老师每在学校干一年，就能拿到一部分工龄工资。这里设计的是每满一年，每个月老师可以拿到 100 元，第一年老师每个月拿 100 元，第二年每个月拿 200 元，第三年每个月拿 300 元，可以设置八年封顶或十年封顶。如果老师入职第五年，每个月就能拿 500 元。接下来就是全勤奖。全勤奖是有岗位差别的，因为基层老师请一天假和高层老师请一天假，带给学校的损失显然是不同的。所以，设置的是最低层的实习老师全勤奖是 50 元一个月，初级老师全勤奖是 80 元一个月，中级老师全勤奖是 100 元一个月，高级老师和见习明星员工全勤奖是 120 元一个月，明星员工和见习"特种兵"全勤奖是 150 元一个月，"特种兵"和见习"功勋员工"全勤奖是 180 元一个月，最高级别的"功勋员工"全勤奖是 200 元一个月。岗位越高全勤奖就越高，因为更高层级的老师全勤对学校的价值是更大的。

大家会发现主管和见习校长的全勤奖是一样的。**为什么有十个等级，却只有七种薪酬？原因就是带有见习两个字的岗位和下一个岗位的薪酬是一样的。**例如，见习校长和主管的薪酬是一样的，见习主管和组长的薪酬是一样的，见习组长和高级老师的薪酬是一样的。为什么要这样设计？原因很简单，因为见习校长、见习主管、见习组长，他们的见习期只有两个月，让他在这个岗位上做两个月，看看他适不适合这个岗位。如果适合，才会让他升为主管，他才会享受主管的待遇。所以，见习主管虽然已经是主管了，但依然享受的是组长的待遇。一旦见习期顺利通过了，他就会成为主管，薪酬自然就上涨了。

讲到这大家就明白了，四个级是员工级、组长级、主管级和校长级。十等是实习老师、初级老师、中级老师、高级老师、见习组长、组长、见习主管、主管、见习校长和校长。而七种薪酬就是把带有“见习”两个字的岗位全部去掉，剩下七个，这就是四级十等七薪法。

老师的底薪为 1800 元，工龄工资每个月 100 元，第一年 100 元，第二年 200 元，八年封顶或十年封顶。岗位不一样，全勤奖不一样，共有七种全勤奖。岗位工资就是来体现工资差别的，岗位越高，拿得自然就越多。同样是七个级别，实习老师没有岗位工资，初级老师的岗位工资为 200 元，中级老师的岗位工资为 400 元，高级老师的岗位工资为 700 元，高级老师和见习组长的岗位工资是 700 元，组长和见习主管的岗位工资是 1000 元，主管和见习校长的岗位工资是 1300 元，执行校长的岗位工资是 1800 元。

交通补助、午餐补助、电话补助等也是不一样的，岗位越高补助就越多，同样也是七个级别。设计完了这个表之后，就能算出具体收入了，如实习老师拿 2000 元，初级老师拿 2280 元，中级老师拿 2600 元，高级老师和见习组长拿 2920 元，组长和见习主管拿 3350 元，主管和见习校长拿 3780 元，执行校长拿 4400 元。

当然，工资表设计完了，还要考虑老师应如何晋升。表中的数字只是提供参考，大家应该根据自己学校的情况，把它换成自己学校的具体数据。

第三步，**制定人才的晋升标准**。图 1-29 是我们专门为校长设计的培训学校老师的人才晋升标准。

图 1-29 中最左边一列是岗位，从底下也就是从实习老师到初级

老师、中级老师、高级老师，再到学校主管、执行校长、合伙人。

岗位	岗位职责	晋升条件
合伙人	1. 提供有关公司的发展战略及方向的意见和建议； 2. 履行校长职责。	1. 由公司投资人决定。
执行校长	1. 完成学校的一切日常工作、招聘、新人培训等工作； 2. 带领各部门完成"教学、服务、招生"； 3. 负责学校日常的正常运转和主管的日常管理； 4. 负责学校各项任务的策划、组织和实施，并达成校区的利润指标。	1. 在此岗位工作满12个月； 2. 校区总销售额比上年度上涨15%； 3. 校区团队流失率年度不高于20%，增长率不低于30%； 4. 至少培养1名执行校长接班人。
学校主管	1. 按学校要求组织老师的各种教研及学习活动； 2. 组织老师完成教学及相应的服务、续费、转介绍等工作； 3. 配合执行校长工作，完成招生活动及招生方案的实施； 4. 必须要负责师带徒，为学校培养优秀的老师。	1. 在此岗位工作至少满12个月； 2. 部门每半年销售额同比（上年度同期）上涨15%； 3. 至少培养2名合格的高级老师； 4. 迟到不超过6次，请假不超过6天。
高级老师	1. 配合教学部长做好学校组织的各种教研及学习活动； 2. 独立完成教学及服务、续费、转介绍等工作，并达到5个班带班量； 3. 配合完成招生活动及招生方案的实施； 4. 必须要负责师带徒，为学校培养优秀的老师； 5. 协助前台及完成学校领导交办的其他事务性工作。	1. 在此岗位工作至少满6个月； 2. 招生总人数（含转介绍）不低于所带总人数的25%； 3. 学生续费率不低于80%； 4. 至少培养出1名合格的中级老师； 5. 迟到不超过6次，请假不超过6天。
中级老师	1. 准时参加学校组织的各种教研级学习活动； 2. 独立完成教学及服务、续费、转介绍等工作，并达到4个班带班量； 3. 配合完成招生活动及招生方案的实施； 4. 完成学校领导交办的其他事务性工作。	1. 在此岗位工作至少满6个月； 2. 招生总人数（含转介绍）不低于所带总人数的20%； 3. 学生续费率不低于70%； 4. 迟到不超过6次，请假不超过6天。
初级老师	1. 准时参加学校组织的各种教研级学习活动； 2. 独立完成教学及服务、续费、转介绍等工作； 3. 配合完成招生活动及招生方案的实施； 4. 协助前台及完成学校领导交办的其它事务性工作。	1. 在此岗位工作至少满6个月； 2. 招生总人数（含转介绍）不低于所带总人数的15%； 3. 学生续费率不低于60%； 4. 迟到不超过12次，请假不超过6天。
实习老师	1. 提升市场技能； 2. 提升各项教学技能，尽快达到上课标准； 3. 听课、辅助老师教学等。	1. 招生达到2人； 2. 通过试讲达到上课标准； 3. 迟到、请假不超过3次。
备注	1. 如果岗位时限达标，但其他考核指标未达成，则其他考核指标什么时候达成就什么时候获得晋升资格； 2. 所有晋升的员工必须要填写员工晋升申请表，并要求相应负责人签字，晋升方可有效； 3. 执行校长再往上晋升，由公司投资人根据实际表现情况来提拔。（晋升时若没有空岗则等待晋升）	

图 1-29　人才晋升标准

实习老师的岗位职责第一是提升市场技能，作为实习老师，不能只负责教课，还要懂市场。

第二是提升各项教学技能，尽快达到上课的标准。

第三是听课、辅助老师教学等，如准时参加学校组织的各种教研及学习活动，独立完成教学及相应的服务续费转介绍工作，配合其他老师进行招生，协助前台工作，完成学校领导交办的其他事务性工作等。

学校主管的职责就是按照学校的要求组织老师的各种教研及学习活动；指导老师完成教学及相应的服务、续费、转介绍等工作；配合执行校长的工作，完成招生活动及招生方案的实施。

学校主管必须负责师带徒，为学校培养优秀的老师。不同级别的老师都有自己要完成的岗位职责，这就是分责。所以，分钱的背后一定是分责。老师晋升应该满足晋升的条件。实习老师怎样才能晋升为初级老师呢？例如，他必须在实习期招到两个学生，同时要通过试讲，达到上课的标准；在实习期迟到、请假不能超过三次，只要达到以上标准就可以晋升为初级老师，工资就从 2000 元涨到了 2280 元。

初级老师晋升为中级老师也有相应的要求，如在这个岗位上工作至少要满 6 个月，同时招生的总人数（含转介绍）不低于所带总人数的 15%，如老师带了 60 个学生，60 乘以 15%也就是不能低于 9 个人。在半年内，学生的续费率不低于 60%，老师迟到不超过 12 次，请假不超过 6 天。

中级老师晋升为高级老师，他要干满六个月，同时招生的总人数不能低于自己所带学生总人数的 20%，学生的续费率不能低于70%，迟到不超过 6 次，请假不超过 6 天。

学校主管如何晋升为执行校长呢？他至少工作满 12 个月，部门每半年的销售额同比上涨 15%，同时，至少要培养 2 名合格的高级老师，迟到不超过 6 次，请假不超过 6 天。

晋升条件非常明确，而且都是用数字来衡量的。达标了就能晋升，没达标就不能晋升。达标了，晋升以后工资就会涨，没达标、没有晋升、工资就不涨。

备注如下：

第一，如果老师的岗位时限达标了，但是其他的考核指标没有完成，那等其他指标达成时再晋升。例如，有一些岗位要求工作满 6 个月或者满 12 个月就可以晋升，但是老师的时限达标了，其他要求没有完成，如续费率没达标，那就不能晋升。

第二，所有晋升的老师都必须填写一个员工晋升申请表。

老师每天都会盯着这些指标，一旦达成了，就会第一时间提交申请表，校长的任务就是审核、签字，下个月为达标的老师涨工资。

第三，执行校长再往上晋升，需要由公司的投资人根据实际情况来提拔。也就是说，执行校长不是最高位置，往上还可以晋升。

当然，如果老师从实习老师到初级老师、中级老师、高级老师、如果没有空缺的岗位，就算达标了，也要一直等到这个岗位有空缺了才能晋升。这样，就促进了校长及时开分校，优秀的员工才能晋升。如果员工看不到晋升机会，自然而然也就离开了。所以，学校一定要发展，有发展才会有希望，有希望才有空缺岗位，员工才会努力“往上爬”，员工的潜能才会被激发出来。

如图 1-30 所示为员工晋升申请表。

大家要特别注意一点，就是管理序列的老师和专业序列的老师可以互相转岗。如果老师在组长这个位置上做了一段时间，校长发现他根本不适合做组长，要第一时间找他谈话，如果他不能改变，要尽快把他转到专业序列。同时，专业序列的老师，如果他的管理能力迅速提升，校长可以把他转到管理序列上来。

但是转岗只能由校长说了算，只有他们真正达到了要求，才能进行转岗，而且每年可以设置转岗的次数，如每年只有一次转岗的机会。转岗其实对老师的工资影响不是特别大，影响最大的是提成和奖金。教学主管拿到的提成和奖金与市场主管不一样，专业序列的老师和主管的提成和奖金也不一样。管理者除了有个人的奖金和提成，还有团队的管理提成。

总之，是否该给老师涨工资解决的方案就是四级十等七薪法。包括四个步骤，第一步，建立人才成长 A、B 计划表；第二步，利用人才成长 A、B 计划表设计四级十等七薪工资表；第三步，为老师介绍如何进行晋升、晋升的标准；第四步，为老师设计晋升申请表。

××学校员工晋升申请表

<table>
<tr><td>姓名</td><td></td><td>入职时间</td><td></td></tr>
<tr><td>部门</td><td></td><td>目前岗位</td><td></td></tr>
<tr><td>上次晋升时间</td><td></td><td>申请晋升岗位</td><td></td></tr>
<tr><td>所带班级数</td><td></td><td>所带总人数</td><td></td></tr>
<tr><td colspan="4">一、现岗位工作总结（现任职务及岗位）

二、申请晋升理由（是否达成晋升条件、按照晋升标准逐条注明）

三、晋升后工作计划与发展目标

申请人签字：
申 请 日 期：　年　月　日</td></tr>
<tr><td colspan="2">执行校长意见：

签字：
日期：　年　月　日</td><td colspan="2">投资人意见：

签字：
日期：　年　月　日</td></tr>
</table>

图 1-30　员工晋升申请表

1.11 动态股权——放得出去收得回来

股权其实是一个很大的话题，为了让大家在短时间内能够了解股权，我们通过讲解股权中的一个小策略和一个小方法，尽可能地把一个大的、复杂的问题简单化。

对于小的培训机构来说，到底该不该用股权激励老师？

很多校长都问过我这个问题，说股权不应该是大企业、上市企业才有的吗？难道小企业也要有股权吗？其实，**如果我们想要留住人才，股权激励是一种手段，关键是看股权激励的目的是什么**。如果学校人才比较稳定，业绩增长也比较稳定，裂变也比较成规模，那就没有必要用股权来激励老师。当学校更具规模时，再用股权来激励老师，学校会更有价值。

如果遇到以下问题：学校留不住人才；刚培养好的人才在离职之后就在学校附近新开了一家学校；学校的业绩已经很久没增加了，遇到了问题，发展也受到了阻碍等，校长不妨考虑一下股权激励的方法。**用股权激励老师的目的是让强者恒强，学校为了和资本圈、融资圈进行对接，最终都要走上这条路**。就目前而言，学校的股权其实还不值钱。

在员工离开之后，他也可能去开一所学校，有时候其实不一定是为了钱，他是为了实现自己的梦想。**股权不是钱的问题，而是关乎员工梦想、面子和为谁干的问题**。当学校发展遇到瓶颈、学校的业绩增量遇到问题时，股权并不值钱。如果能够用股权推动学校的发展，校长不妨考虑一下股权激励这个方法。

校长可以根据自己学校的现状决定到底要不要用股权激励老师。我们要特别关注一件事情，就是学校的股权应该是动态股权，什么叫“给要给得出去，拿要拿得回来”呢？就是员工拿股权要进行绩效考核，不是让员工拿钱来买，而是让他拿工作结果来换。

员工工作三年以后，只要年度平均续费率达到 90%，就给他 5 万股，这就是拿绩效考核结果换股权，我们将这种股权激励的方法称为动态股权。传统的股权有一个很大的弊端，就是让员工有了“铁饭碗”。在这种动态股权中，是否拿得到股权和绩效考核挂钩，就算老师拿到股权了，能够分多少钱也要和绩效考核挂钩。

动态股权对于校长来说，虽然将股权给了老师，但还能收回来。

动态股权，也叫作绩效考核股权，有三大特点。

第一个特点，老师考核达标了才能够拿股权。而且老师拿到的股权不是注册股，只是分红股，也叫作虚拟股。

第二个特点，老师考核次年达标了，再来分钱。分钱的时候，还要对他进行考核，按比例拿钱。

第三个特点，老师离职了，要取消他的股权。这样的股权很安全，因为它的拥有权和所有权牢牢掌握在校长手中；而且员工想要拿到股权，必须完成规定的业绩指标；股权还可回收。接下来重点介绍**动态股权的落地流程**，如图 1-31 所示。

图 1-31　动态股权的落地流程

想要分股权，不管是注册股、分红股，还是期权，第一步都要明确学校的股权总数。有很多校长说，学校的股权总数就是 100%——校长一定要改变这种观念。股权总数应该用具体的数字去描述。首先要对学校进行估值，这是第一步。

估值分为对外估值和对内估值，对外估值是为了融资，估值越高越好；对内估值是为了给员工股权，不是越高越好，而是越合适越好，让老师可以接受。在这里介绍一个对内估值的方法，就是用年营业额和学校的固定投入相加之后得到的数字作为学校的估值。

例如，学校 2018 年完成了 200 万元的业绩，固定投入了 50 万元，那么学校今年的估值就是 250 万元。如果今年的业绩只完成 100 万元，固定投入是 20 万元，那么学校的估值就是 120 万元，这是对内估值比较科学的一种方法。

第二就是为学校定股价。众所周知，股价是指股票的价格，与股票的价值是相对的概念，学校这么小，也没有上市，怎么办？这时，一般采用一种虚拟定价的方法，为了便于计算，一般情况下定价为 1 元 1 股。

第三就是明确学校有多少股。用估值除以股价，得出有多少股。

例如，学校今年完成了 100 万元的营业额，固定投入 20 万元，他们的估值就是 120 万元。用 120 万元除以 1 元 1 股，这个学校总共有 120 万股。作为校长，是百分百占有股权，那就有 120 万股。如果有合伙人，如校长占 60%，合伙人占 40%，那校长就有 72 万股，合伙人就有 48 万股。

接下来是第二步——明确学校的股权算法。

大家要特别注意，用股权激励老师的时候，尽可能不做减法，而是做加法。

另外，核算分红应该按照相应的比例核算。

如果学校的营业额为 100 万元，固定投入为 20 万元，总共就有 120 万元的估值。定价 1 元 1 股，就有 120 万股。如果学校里有一位张老师表现得非常优秀，奖励他 30 万股，那么原始股东还剩多少万股呢？大家的第一反应可能是股东还剩 90 万股。其实这样算的话，就是一种减法，这时你的股权总数没变，还是 120 万股。给了员工 30 万股，是因为他的工作表现好，他的业绩让学校增值了，所以这 30 万股是额外加上去的，也就说现在学校的总股数不是 120 万股了，而是 150 万股。这就是不做减法，而做加法。

如果要做减法，120 万股减去 30 万股，剩 90 万股。员工表现好，再给他 30 万股，就剩 60 万股；又有其他员工表现好，再给他 30 万股，就剩 30 万股；再给其他员工 30 万股就没有了，那做学校还有意义吗？但如果做加法，至少 120 万股是固定的，会让学校的估值越来越高。

到年底要分红的时候该怎么分呢？其实很简单，张老师占有 150 万股中的 30 万股，那他的分红就占 20%。按照比例分红简单易行。

第三步，明确员工股权的考核方法。

员工需要拿工作结果换股权，学校要对他进行考核。学校可以规定老师工作满 3 年，就给他 3 万股。学校也可以规定只要老师工作满 2 年，且年度平均续费率达到 90%，就给他 2 万股。学校还可以规定不管老师工作多久，只要他的年度总业绩能够完成 15 万元，就给他 3 万股。这是获得股权的考核方法，其次是获得分红的考核方法。例如，今年员工通过努力使续费率达到 90%，他能拿到 2 万股，但是他只拿到了 2 万股的股权证，而分钱是在明年，那么这 2 万股占学校总股权的百分之多少？在明年分钱时，也要定考核标准。员工的续费率如果低于 60%，则分不到钱；如果达到 70%，分他一半的钱；如果达到 90%，则全部分给员工，这也是一种考核标准。所以，员工会在今年拼命地工作，达到考核标准，拿到股权。明年他再拼命地工作，把这个股权变现，这就是明确员工股权考核的两个方法：获得股权的方法和获得分红的考核方法。

我们可以设定获得股权的方法是年度个人续费率达到 90%就可以获得 2 万股，最多可以连续获得 3 年。例如，如果老师 2018 年达到 90%的续费率，可以拿到 2 万股；2019 年又达到 90%的续费率，可以再获得 2 万股；再过一年又达到 90%的续费率，可以再获得 2 万股，最多可以享受三年。然后，设置分红的考核方法。老师拿到股权以后，明年如何将这 2 万股变现呢？如果年度个人续费率低于 60%，那就不能变现。达到 60%以上，就按照实际比例进行分红。比如老师年底该拿到 2 万元，但是续费率只达到 80%，那就拿 2 万元乘以 80%，他只能拿 1.6 万元。

第四步，明确分红方法。到年底分红的时候，老师占比为 20%，或者占 5 万股。分红的方法是按照课销量产生的利润来分红。课销量等于学生数乘以单课次的费用，再乘以总课次。

说到分钱，也不要到年底就一次性把钱分给老师，而是尽可能分成三个阶段来发。例如，今年年底先发给老师 50%，比如他能拿

10 万元，年底先给他 5 万元；明年 6 月再给他 3 万元，明年年底再给他 2 万元。这样做的目的是，可以将一部分钱牢牢握在自己手里，我们可以用来应对不可预知的风险。

有的校长会有这样的疑问：学校的课销量很难计算怎么办？计算完了可能也没有利润，能不能就拿账面资金的 50%去分，留下 50%作为启动资金？这当然也是可以的，只是大家要提前做好财务预算就行。

假设某学校今年营业额为 400 万元，固定投入为 50 万元，定价 1 元 1 股，动态股权分出去了 50 万股。这 50 万股中张老师占了 20 万股，他今年又完成了年度考核的 80%，校长规定只要达成 60%以上，就可以按比例分钱。今年学校的年度课销利润是 150 万元，也就是说能够分的钱有 150 万元,那么张老师可以在今年分到多少钱？先确定学校的总股数是多少。可以按照总估值 400 万元加 50 万元，即共有 450 万元。450 万元除以 1 元 1 股，就有 450 万股。450 万元加 50 万元等于 500 万元，张老师拿这 500 万股中的 20 万股。我们就拿 20 万股除以 500 万股，相当于张老师占了 4%。今年年底要分 150 万元，就拿 150 万元乘以 4%，再乘以他的考核系数 80%，等于 4.8 万元。如果校长又规定用“532 原则”分红，今年年底他可以拿到 2.4 万元；如果校长没有用“532 原则”分红，那今年年底他可以拿到 4.8 万元。如果张老师的业绩考核只有 50%，低于 60%的考核标准，那他就一分钱都分不到。如果张老师完成绩效考核的指标是 100%，那么他就可以拿到 150 万元乘 4%再乘 100%，即 6 万元。

第五步，签署相关协议。

第一，签署股权激励协议；第二，签署竞业限制协议（如果大家对这两个协议感兴趣，可以到“教育家社区”App 下载）。这个协议可以确保校长和被激励的老师双方的权益。

贰

运营策略篇

2.1
如何让教案成为核心竞争力

很多校长一直对这件事感到困惑：培养老师的速度太慢，教学质量难以把控，解决这个问题的关键是让教案成为学校的核心竞争力。只有具备系统化的教案，新人的培养才有章可循，教学质量才有最基本的保障。

下面介绍什么是教案。

首先，校长们要明白，教案不等于教材，教案有时候更像菜谱，它会有明确的提示：第一步打开火，第二步放上锅，第三步放油，第四步放葱花……教案应该包括流程和方法。一个完整、翔实、标准的教案，必须包括以下几方面内容：

第一，教学准备。教学准备包含教学目的、教学重难点、教学课堂中的游戏及教学中所用的教具等。所有的老师上课之前，应该在教案中详细地写出教学准备。

第二，教学流程。教学流程包括每个教学环节的讲述方法、讲述步骤、所需要的时间、内容的逻辑顺序及课堂中的提问、互动、加分等。也就是说，教学流程就像炒菜流程一样，老师按照这个流程，就可以“烹饪”出一道美味的“课堂大餐”。

第三，教学结果。在上完课之后，教学结果如何、效果如何，需要通过测试、反馈、总结、作业等方式来检验。就像当我们把菜做好之后，要尝一尝这个菜是咸了还是淡了。

第四，教学反思。老师要通过教学准备、教学流程、教学结果的反馈进行一系列的教学反思，它包括课堂的优化、优点缺点及接下来的弥补措施等。

接下来介绍教案的几大类型及它们各自的优劣。

通常我们把教案分为三大类型：简案、详案和逐字稿教案，其优劣势如图 2-1 所示。

简案，顾名思义，就是一个简单的上课提纲。

详案，就是一个内容更加完整、教法更加完善的详细教案。

逐字稿教案，就是把上课要说的每一句话，甚至每一个表情、每一个动作都变成文字。

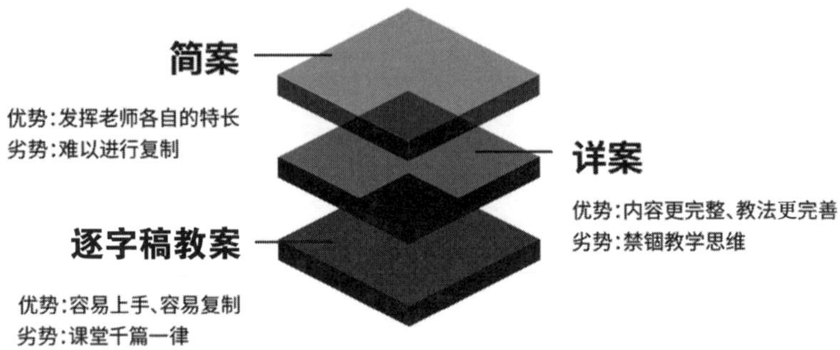

图 2-1　教案三大类型及优劣势

简案有什么优势和劣势？简案的优势是它可以最大限度地发挥老师各自的特长。因为教案比较简单，老师就可以在简案的基础上拓展自己的思维，增加更多需要讲授的内容。所以，简案可以很好地发挥老师的特长。但是简案也有明显的劣势，因为它非常简单，对于新老师来说，复制起来会很困难。如果只拿到一个简单的提纲，那些没有教学经验、或教学经验不足的新老师就没有办法根据简案完整地上一堂课。

详案的优势在于内容更完整，教法更完善。详案把老师讲课的所有流程都进行了细化，包括每一个步骤、每一个环节、每一个流程、每一个时间节点的把控及每一个环节内容讲述的方法。详案也有劣势，因为它更加详细、完善，所以禁锢了很多老师的教学思维。当老师看到详案时，就很容易先入为主。这就导致他们失去了思考的空间，禁锢了教学思维。

逐字稿教案的优势是容易上手、容易复制，尤其是对于新老师和教学经验不足的老师来说，它相当于一把“尚方宝剑”。拿到逐字稿的教案，哪怕是一个“小白”老师，也可以摇身一变，成为大师级别的老师。因为他手中有详细的逐字稿教案，就算照着读，也能把一堂课完整地讲下来。但是逐字稿教案的劣势也非常明显，那就是老师利用逐字稿教案讲授的内容千篇一律。这种像模板一样一个个“刻”出来的课，不仅在教育中禁锢了孩子的天性，也禁锢了老师的教学思维。

所以，简案、详案、逐字稿教案，既有各自的优势，又有各自的劣势。

既然如此，到底该如何使用教案呢？应利用三种教案不同的优势分三步走。

第一步，新老师或教学经验不足的老师必须有逐字稿教案。这样做的目的是快速复制课堂，让老师能够快速成长。有一句话说得好：站在巨人的肩膀上才能够看得更远。这样做就是让新老师站在教学经验丰富的老师的肩膀上，让他们快速成长，解决人才不够用的难题。所以，要为新老师准备逐字稿教案，而这些逐字稿的教案正是来自学校最具有影响力的老师的课堂记录。

第二步，老老师要有详案。新老师借助逐字稿的教案很快就能上手，一两年后，他们变为老老师就不再需要逐字稿教案了，而是需要利用详案来规范他们的教学行为和教学标准。有很多老师教了一年两年课以后，就自认为教得很好，但课堂教学开始变差：没有章法、没有规律、没有标准。对于校长来说，最头疼的就是老老师这种不按套路出牌的授课方式。所以，为了规范老老师的教学行为、教学方法和教学标准，一定要用详案，因为这里面有每一堂课要利用的教学方法、教学技巧、教学策略、教学标准，这可以起到很好的规范作用。

第三步，教学及教研需要有简案。每周或每月都要组织老老师、新老师一起进行教研活动、教学活动。如果在这样的教研、教学活动中用的是详案和逐字稿教案，那就没有办法打开老师的思维。所以,为了研讨出更好的教学方法,需要用到的是简案——越简单越好。只有这样，大家才能无所顾忌地开展头脑风暴，通过教研和教学的思维碰撞，催生出更好的教学方法和教学策略。等教学和教研活动结束之后，学校再把这些策略、方法添加到简案中，把简案变成详案，交给老师使用。

在使用教案时要分三种情况：第一，培养新老师，我们要用逐字稿教案，目的是快速复制上手；第二，规范老老师，我们需要有详案，目的是保证教学效果；第三，在教学和教研活动中，我们需要用到简案，这样可以开展头脑风暴，打开老师的思维。

有很多艺术类培训机构的校长在与我沟通时会问：“艺术类培训机构的老师也需要教案吗？”当然需要。大家不妨记下这个公式：**教案=产品核心=生产秘方**。我们不妨跳出教培行业，看看我们身边的各行各业，就会发现每个知名的传统企业都有一个生产秘方，这个生产秘方就是这些企业的最大价值。为什么这么说呢？因为这个生产秘方就是他们产品的核心。既然如此，各位校长不妨再思考一下，学校的“生产秘方”是什么？能够提升孩子学习效果的秘方是什么？不就是教案吗？不管是文化课还是艺术课，只要它属于教培行业，就都需要教案，因为教案就等于产品核心，相当于传统企业的生产秘方。所以，教案的竞争力也就是学校的竞争力。

很多校长可能又会说：“我对我们学校现在的教案不太满意，好像没有体现学校的竞争力。”下面就介绍如何提升教案的竞争力，从而提升学校的竞争力。教案竞争力提升的三维法则如图 2-2 所示。

图 2-2　教案竞争力提升的三维法则

第一维是教学目标的升级。

第二维是教学方法的升级。

第三维是知识产权的保护。

这三维的升级是相辅相成、一环扣一环的。校长应该按照三维法则提升学校教案的竞争力，从而提升学校的竞争力。

首先是提升教案竞争力的第一维法则——教学目标的升级。将单一的知识目标升级为多元的立体化目标。

一堂优质的课必须包含三个目标：知识目标，也称技能目标；德育目标，也称品行目标；思维目标，也称习惯目标。

但是，教案中往往只会提到一个目标，那就是知识目标。例如，跆拳道课讲到的上踢、下踢、侧踢；钢琴课讲到的各种指法的练习；英语课讲到的单词和语法；作文课讲到的写作方法和找素材的方法等，都是知识目标。然而从教育的最终目的来看，未来社会更看重的是一个人的能力而非学历，但是知识目标更多的是提升学生的学历，而非能力。因此，在学校的教学中，我们需要升级目标，将单一的知识目标升级为多元的立体化目标。

这里依然用跆拳道课这个例子来说明，该课的知识技能目标就是教孩子各种标准的动作，如上踢、下踢、侧踢、进攻、防守等，这些内容其实都是在传递知识目标。除此之外，还可以在动作技术教学中通过融入礼义廉耻、百折不屈的精神教育来完成学生的德育目标。与此同时，如果在学生要踢的那个木板上贴上印有他的一些坏习惯的贴纸，如注意力不集中、厌学、沉迷游戏等，让孩子踢碎这些木板，向这些坏习惯“宣战”，就把一个单一的知识目标转化成了思维目标。这样，就把一个跆拳道课的教学目标升级为三个维度的立体化的目标了。

下面再举作文课的例子。让学生学会写作文的开头、结尾是知识目标，但是如果让学生学写作的同时又学会做人的道理，这就是德育目标。然后训练学生寻找素材，使他养成随时随地从身边寻找素材的习惯，这样就完成了思维目标。

舞蹈、美术等课程也是一样的。优质课堂的备课，需要把知识目标、德育目标和思维目标立体化。这样一来，学生在学校就不仅仅是学习跆拳道，他们能了解许多跆拳道背后的德育目标和思维目标。学生上的也不仅仅是一堂作文课，他们不但学到了写作文的知识技能，还了解了作文背后的德育目标和思维目标，更培养了他写作文之外的习惯。这样，就把单一的知识目标升级为多元的立体化目标，让学生得到立体化的提升，这就是提升教案竞争力的第一维法则——教学目标的升级。

说了这么多，一定会有校长会提出疑问：为什么要进行目标立体化升级？让我们来思考一个问题：教育的终极目的是什么？显然，教育的终极目的不一定是把孩子培养成精英，而是要把孩子培养成合格的人，能力比学历更重要。我们在传授给孩子某一个知识技能的同时，一定要融入德育目标和思维目标，因为未来的社会需要孩子不仅有学历，更要有能力，这也是每一个中国民办教育机构应该承担的责任和义务。

再来看一个案例，如图 2-3 所示。

原课程目标	升级后的目标
1. 基础部分——地面大踢腿 通过训练，增强腿部爆发力和延伸感。 2. 舞蹈部分——手眼组合 学习之初，通过手眼组合学习，增强孩子的呼吸及手眼协调性。	1. 知识目标： A. 基础部分——地面大踢腿 通过训练，增强腿部爆发力和延伸感。 B. 舞蹈部分——手眼组合 学习之初通过手眼组合学习，增强孩子的呼吸及手眼协调性。 2. 德育目标： 通过课堂上好听的音乐、优美的舞姿，提高孩子欣赏美和创造美的能力，引导培养学生美好的、积极向上的成长心态。 3. 思维目标： 通过反复的腿部韧带的拉伸和手眼之间的配合，培养孩子的毅力，并将此习惯和能力运用到生活和学习中。

图 2-3　一堂中国舞蹈课的目标升级

这是一堂中国舞课程的目标升级，最初的课程目标是这样的：第一，基础部分——地面大踢腿。通过训练，增强腿部爆发力和延伸感。第二，舞蹈部分——手眼组合。学习之初，通过手眼组合学习，增强孩子的呼吸及手眼协调性。很明显，这堂中国舞的课程原有目标只有知识目标，而忽略了德育目标和思维目标。升级后的课程目标如下：第一，技能目标；第二，德育目标；第三，思维目标。技能目标没有变化，增加了德育目标：通过课堂上好听的音乐、优美的舞姿，提高孩子欣赏美和创造美的能力，引导培养学生美好的、积极向上的成长心态。试问全天下的家长，有谁不希望把自己的孩子培养成有良好的品行、有积极向上的心态的孩子呢？所以，这样的一个德育目标，不仅立体化地呈现了孩子的成长层次，也赢得了更多家长的认可。思维目标：通过反复的腿部韧带的拉伸和手眼之间的配合，培养孩子的毅力，并将此习惯和能力运用到生活和学习中。因此，单是从这一堂课升级后的课程目标来说，家长就会更喜欢，也会更信任升级后的课堂。

接下来，通过一个案例来强化这个法则，如图 2-4 所示。

原课程目标	升级后的目标
1. 通过用不同的交叉线组合成一个一个封闭的图形，锻炼孩子对线的认识。 2. 通过对色彩的认识，让孩子初步认识颜色，并且知道大概的色彩分类，如冷色调和暖色调。	1. 知识目标： A. 通过用不同的交叉线组合成一个一个封闭的图形，锻炼孩子对线的认识。 B. 通过对色彩的认识，让孩子初步认识颜色，并且知道大概的色彩分类，如冷色调和暖色调。 2. 德育目标： 初步学会赞美别人及欣赏别人的优点，发现自己的不足，并能谦虚接受。 3. 思维目标： 通过准确的上色练习，锻炼孩子坚持、细心的习惯，初步提升孩子的想象力、观察力。

图 2-4　一堂美术创意课程的目标升级

这是一堂美术创意课程的目标升级，除了知识目标，又增加了德育目标和思维目标。德育目标：初步学习赞美别人及欣赏别人的优点，发现自己的不足，并能谦虚接受。习惯目标：通过准确的上色练习，锻炼孩子坚持、细心的习惯，初步提升孩子的想象力、观察力。一堂小小的美术创意课，不仅教会了孩子美术创意的技能，更通过德育目标，培养了孩子赞美别人、欣赏别人、发现自己的不足并虚心接受的美德，同时还提升了孩子的想象力、观察力，培养了孩子细心的良好习惯。这样一来，美术创意课瞬间就变成了一堂综合能力提升课，这难道不是校长应该带领老师一起去实现的吗？

接下来介绍提升教案竞争力的第二维法则——教学方法的升级。

为了配合教学目标的升级，必须进行教学方法、教学能力的有效升级，简称为教学力升级。

关于教学力升级，有如下三种实施方法：

第一种方法是故事升级法。我们就拿前面的美术创意课来说，升级后的教学目标中有一个德育目标，即学会欣赏别人、赞美别人。我们不能只把它写到目标中，还需要在课堂上真正让孩子学会赞美别人。这里就可以采用故事升级法，也就是说，在上这一堂美术创意课之前，不是一上课就检查作业或者讲知识点，而是先给孩子讲一个故事。这个故事可以是一个关于赞美别人的故事，让孩子在上课之前就在心里留下一个深深的印象：一个优秀的孩子必须懂得赞美别人。

第二种方法是游戏升级法。这里用中国舞的例子来说明，中国舞课程有一个德育目标是要求孩子去发现身边的美。我们可以在课堂上做一个游戏，把孩子们分成两个组，每组分别上台展示学到的新舞蹈。没有展示的那个小组，就要在这个过程中去观察另一组谁跳得最美、美在什么地方。通过这样一种游戏，让孩子真正学会发现身边的美。

第三种方法是练习升级法。仍然回到创意美术课这个案例，课程目标是让孩子学会发现别人的优点，同时找到自己的缺点。老师可以在课堂中导入练习升级法，让孩子进行上色练习大比拼，看看别人的优点在哪里，自己的缺点在哪里。

总之，我们不仅要在教学目标中体现课程的升级，更要把升级后的教学目标，通过故事升级法、游戏升级法和练习升级法，真正融入课堂，让课堂中的教学方法也能配合教学目标，以此来提升我们的教学水平。

第三维法则叫作知识产权的保护。

当教学目标由单一的知识目标变成立体化的三维知识目标，教学方法由原来单一的讲解方法升级成立体化的讲解方法之后，我们就有了自己的特色，也就有了自己产品的一系列的规范及知识产权。这时，就要学会拿起法律武器来保护自己的权益。

这里介绍三种方法：第一，要将课程的名字和教学方法的名字进行包装，注册商标；第二，要把升级后的课程教案送到知识产权保护局，进行知识产权的保护；第三，要为全新的方法申请专利或者申请版权，通过注册商标、注册知识产权、注册专利和版权，真正打造属于自己学校的具有核心竞争力的教案，从而提升学校的竞争力。

通过教案核心竞争力的一系列讲解，我们能够得知对于教培机构而言，教案的重要程度可见一斑。**教案=核心技术+人才蓝本+未来竞争+品牌根基。**

第一，教案相当于传统企业的生产秘方，是学校的核心技术。

第二，有了简案、详案和逐字稿教案，就有了人才培养的蓝本，就可以快速复制人才。

第三，把教案进行立体化升级之后，课程就有了足够的竞争力，它是被孩子喜欢、被家长信任的。

第四，申请知识产权保护，进行商标的注册及版权专利的注册之后，就形成了自己的品牌、品牌影响力和品牌根基。所以，校长一定要通过一系列举措，提升学校教案的竞争力，从而提升学校的竞争力。

2.2 教育行业产品设计远不是你想的样子——洞悉家长心理，玩转价格游戏

产品设计是一个非常大的话题，包含很多内容。在这里介绍产品设计中很重要的一部分——定价。

我们应该如何洞悉家长心理，玩转价格游戏？在前面的几章中，我们讨论了学校永远不要和竞争对手打价格战。因为在商战中，从来没有价格战，只有定价战。

很多校长一直都对此事十分苦恼：周围的竞争对手多如牛毛，而竞争对手的课程价格也错综复杂。课程价格高的很高，价格低的又极低，自己学校课程的价格却不高不低。夹在竞争对手中间，极

其难受。

那么，到底该如何定价？首先要明确定价的重要性。

定价与利润息息相关。一件商品，如果它的生产成本是 9 元，定价是 10 元，那么，它的毛利润就是 10 元减 9 元等于 1 元。另一件商品，如果它的生产成本是 10 元，虽然成本比第一件商品贵了 1 元，但是只要定价合理，利润不但不会受影响，反而还有可能比第一件高。例如，定价为 12 元，那么利润就是 2 元。第一件产品虽然生产成本低，但是因为定价也低，它的利润只有 1 元。2 元利润和 1 元利润相比，整整提升了 100%，这就是定价的价值。所以，定价定江山，定价定利润，定价定未来。

但是是不是价格越高越好呢？其实定价背后是有一套科学逻辑的。

第一，定价减成本等于单个利润。

就像刚才那个例子，商品的生产成本是 9 元，定价是 10 元，10 元减 9 元等于 1 元，这就是单个商品带来的利润。

第二，单个利润乘以销量等于总利润。

定价越高，单个利润就越高。同时，定价过高，销量也会受到影响。反过来，定价低，销量会上升，但是单个利润又会降低。随着定价的提高，总利润会提高，但是当价格达到一个点之后，因为销量下降，总利润也会下降。最高的那个点就是定价的极限，也是总利润的极限。因此，在进行定价时，我们的终极目标就是在所有先决条件不变的情况下，去无限靠近甚至达到那个总利润的极限。

千万别小看这个价格极限。在一切条件不变的情况下，学校如果可以找到这个最高的价格极限，并按照这个极限重新定价，就可以让利润大幅度增加。也就是说，学校的面积不用变，装修不用变，课程不用变，老师不用变，学生不用变，我们只需要找到极值点做出改变，利润就可以大幅度增加。

那么如何找这个极值点？

图 2-5 中有两个靶子，左边这个靶子 9 元玩一次，中奖概率是 80%，如果飞镖射中这 80%的区域，你就会获得 10 元的奖励。

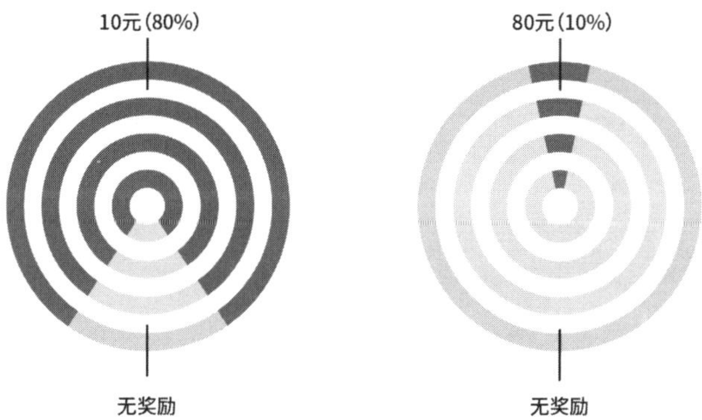

图 2-5　价格只是一种感觉，没有明确的数学逻辑

而右边这个靶子 10 元玩一次，中奖概率低很多，只有 10%。只有射中这 10%的区域，你才会中奖，当然奖励也更高，为 80 元。

你愿意花 9 元玩左边的靶子，还是愿意花 10 元玩右边的靶子？

大多数人会选择玩右边的靶子，因为左边的靶子花 9 元只能换 10 元，而右边的靶子花 10 元却有机会换 80 元。但其实两边的价值是一样的。飞镖射中左边的靶子 80%的区域中 10 元，10 乘以 80%，其价值是 8 元；而飞镖射中右边的靶子 10%的区域，可以中 80 元，80 乘以 10%，其价值也是 8 元。

用概率学的方法计算，右边靶子的利润是用玩一次花的 10 元减价值 8 元，等于 2 元；而左边靶子的利润只有 1 元。也就是说，商家也希望客户玩右边的靶子，因为它的利润是 2 元，高于左边的靶子。所以，我们可以得出结论：其实价格只是一种感觉，没有明确的数学逻辑。

当我们在考虑买房的时候，同一个小区同样面积的房子，靠近马路的房子卖 92 万元，而靠近公园的房子卖 98 万元。靠近马路的房子周围比较吵，而靠近公园的房子不但向阳，更重要的是周围安静，环境也好。你愿意购买哪套呢？

大多数人都愿意购买第二套，也就是靠近公园的房子。即便靠近公园的房子贵了 6 万元，为什么大多数人还是会选择它？

对于很多人来说 6 万元都是一笔不小的数字，但是把它放在买房款这样一个庞大的金额中，6 万元就显得微不足道了。很多人会为了环境、舒适度等因素花费 98 万元，因为他觉得 98 万元和 92 万元没有多大差别。

同一个品牌的酱油，500 克装的卖 15 元，700 克装的卖 20 元，人们更愿意购买哪一瓶？

很多人都愿意购买第一瓶酱油。

因为他觉得不管 500 克还是 700 克的酱油，第一瓶肯定更便宜。

5 元钱在一个中等收入家庭的日常开支中，几乎是一笔可以忽略不计的支出。当把这 5 元置于买酱油的金额中，差别就变得明显了。

其实从单价来看，15 元一瓶的酱油反而比 20 元一瓶的酱油还要贵，可是人们偏偏就愿意选择 15 元一瓶的酱油。

人们买房子愿意选择贵了 6 万元的，但是买酱油却选择便宜了 5 元的，这就是人们的心理。

所以，定价是一场心理战和博弈战。

那么教育培训机构应该如何定价呢？

利用三个定价原则可以让利润倍增，如图 2-6 所示。

1. 定价单位原则

我们去商场、超市购物时，有的商品是单个定价的，有的商品是整箱定价的。如牛奶，我们可以买一瓶牛奶，也可以买几瓶或一整箱牛奶。将此定价方法运用到学校中，也有两种定价策略，第一种是单课价，就是上一堂课多少钱，单课价可以广泛运用到一对一的教育培训机构中；第二种是整箱价，也叫学期价，学期价一般可以广泛运用到班课中。

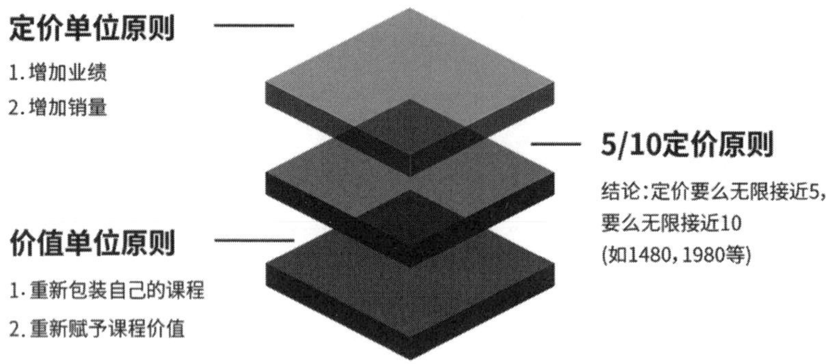

图 2-6　教育培训机构如何定价

仔细研究这两种定价策略的内部逻辑，你会发现很多不为人知的原理。

（1）单课价

一个学校单课定价为 100 元一次，但是周围的竞争对手定价都是 90 元、95 元，很多家长就觉得这个学校的课贵了。但是这个学校又不想把价格降到 90 元，因为降到 90 元，几乎就没有利润了。下面我们进行深入分析。100 元的定价真的就要坚持到底吗？难道不能把定价改为 90 元吗？把定价改为 90 元，利润就一定会降低吗？

如果一学期有 16 次课，一次课收费为 100 元，那么一个学期将收取 16×100=1600（元）。

如果定价是一次课 90 元，一学期上 22 次课，一个学期就会收取 90×22=1980（元），比原来的 1600 元足足多了 380 元。更重要的是，在一个学期内，老师的工资和房租都是固定的，多上几次课，只是多给一点课时费而已，而多的课时费不会超过 380 元。定价为一次课 90 元、上 22 次课，和定价为一次课 100 元、上 16 次课相比，前者的利润会比后者的利润更多。所以，我们完全可以定价为一次课 90 元，但是千万不要忘记把每学期的 16 次课调整为 22 次课。

这样调整以后，学校的业绩会增长，利润会增加，在单位时间内的收入会增加，这就是单课价的定价策略。

（2）学期价

一个学校的课程定价是每学期 1980 元，但是周围学校的课程价格都是每学期 1500 元左右。因此，家长觉得课程很贵，就不来报名。如果将课程的定价降到 1500 元左右，会导致利润降低，学校就没有办法正常运转了。

每学期的课程定价为 1980 元，一学期 16 次课，每次课是 1980 ÷ 16=123（元）。为了让学校的课程价格能够稳定在 1500 元左右，可以用 1500 除以 123，约等于 12 次课。

也就是说，我们完全可以把课程价格定在 1480 元，保持和竞争对手足够的竞争空间，但是要把 16 次课缩减为 12 次课。

学费的总额增加，目的是增加业绩，增加利润。而减少课次，目的是让客户能够接受价格，在增加销量的同时增加业绩和利润。

所以，定价单位的原则也是不同的。

如果竞争对手都是用单课的价格来宣传的，那我们不妨就定一个超低的单课价格。但是要记住，每个月要上的课次，每个学期要上的课次要比竞争对手多。这样学校收取的学费和业绩就不会受到任何影响。

如果竞争对手都是按学期收费的，那我们不妨把定价改为具有竞争力的学期价格，但是要记住，课次要比竞争对手少。别人一年只能上三个学期的课，你一年可以上四个学期的课；别人一年上四个学期的课，你一年就可以上五个学期的课。这样在增加销量的同时，可以让利润倍增。

2. 5/10 定价原则

首先来看一个有趣的巧克力实验。在商场里有这样一款巧克力，分别有三个定价：36 元、39 元和 44 元。为了能够更好地做实验，商场每个月都更改一个价格，结果发现在卖 36 元时，销量不一定是最好的；在卖 44 元时，利润不一定是最高的。实际结果如下：当巧克力卖 36 元时，卖出去了 16 个；当巧克力卖 39 元时，卖出去了 21 个；当巧克力卖 44 元时，卖出去了 14 个。这说明定价越低不一定销量就越高，定价越高也不一定营业额就越高，一定有一个极值点。通过这个实验，我们就得到了巧克力的那个极值点是 39 元，因为当巧克力卖 36 元的时候卖了 16 个，总营业额是 576 元；当巧克力卖 39 元的时候卖了 21 个，总营业额是 819 元；而当巧克力卖 44 元的时候，因为价格高了，销量降低了，44 乘以 14 是 616 元，所以定价

39 元是营业额最高、利润最高的。

所以，我们得出一个结论：定价要么无限接近于 5，要么无限接近于 10。

如果学校的课程定价是 1380 元，那么建议大家使课程定价无限接近于 1500。可以把课程定价为 1480 元，这样销量不但没有下降，反而会增加。

第二个叫作无限接近于 10。如果现在的课程定价为 1600 元或 1800 元，还不如直接定价为 1980 元——无限接近于 2000。

如果是单课价，90 元一次课不如改为 99 元、98 元一次课。如果是学期价，一学期课程为 1380 元，不如改为 1480 元。如果课程为 1780 元，不如改为 1980 元。无限接近于 5 和 10，销量不一定会降低，反而有可能会增加。

3. 价值单位原则

第一，重新包装自己的课程。如托管班，听上去服务价值低，就像看孩子的，不妨把它改成全能培优班，价值感更高。又如口才班，可以把它改成少年演说智慧班。

通过重新包装课程名字，让课程具有更大的价值，就像前面讲过的价值领先战略一样。

第二，重新赋予课程价值。可以重新设计课程目标，将课程目标由一个单一的目标变为三大课程目标。在前面的章节中我们已经详细介绍过如何立体化地升级课程目标了。还可以通过和家庭教育结合、成立父母大学等方式塑造课程的价值。“教育家社区”App就赋予了移动互联网App一个新的课程价值，叫作教育界的“得到”。当课程价值被重新塑造，和竞争对手有了差异后，我们的定价就由自己说了算。

当然，定价的艺术不止如此，有时价格的组合也会产生意想不到的效果。

价格组合设计也有三种策略，如图2-7所示。

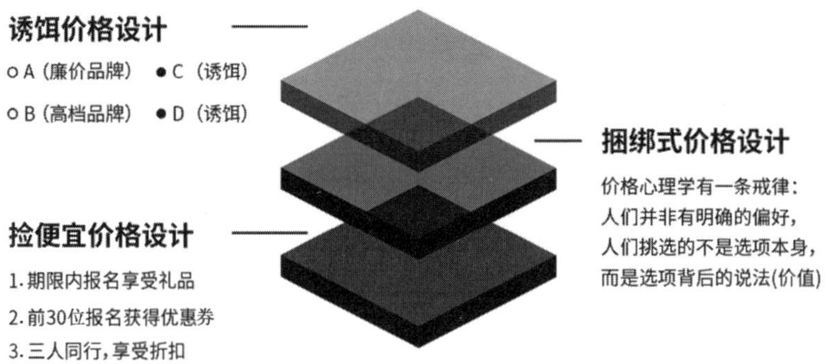

图2-7 价格组合设计策略

价格组合设计策略一：诱饵价格设计。

休伯和普多发现，为了提高廉价品牌A的市场份额，只需要提供一种更便宜的选项C，那么C就成了诱饵。C本身可能不会得到太多的市场份额，但是它会产生吸引效应，把顾客的目光转移到原先的廉价品牌A上。增加一种高价诱饵，扩大高档品牌B的市场份额，这就是诱饵价格设计背后的原理。我们不妨在学校主推 A 产品的时候，设计一个比 A 课程价格还要低的 C 课程价格。如果我们要主推一个高端产品 B 课程，不妨再设一个更高端的 D 课程，这里的 C 和 D 都会成为诱饵产品。它们本身可能不会得到太多的市场份额，它们存在的目的就是为了提升 A 廉价品牌和 B 高档品牌的市场份额。

价格组合设计策略二：捆绑式价格设计。

学校不只有一个产品，也不只有一个课程。我们可以精心地设计捆绑套餐的价格，比如学校可以把作文课和阅读课结合在一起，我们称之为“大语文”，把它们一起推送给家长和孩子，让他们一次性购买两个课程。再如，把美术课和舞蹈课结合在一起，把它们一起推送给家长和孩子。

要特别注意，学校要有意识地提前搭配，而不是让家长自由搭配。因为在价格心理学中有一条戒律叫作“人们并非有明确的偏好，人们挑选的不是选项本身，而是选项背后的说法”，即价值。

把作文课和阅读课结合在一起，称为“大语文”，就为客户明确了课程背后的价值。把美术课和舞蹈课结合在一起，让孩子动能够活泼也能够集中注意力，这就是一种提前设计好的让家长选择的背后的价值。

捆绑式价格往往比单一的价格优惠，会让家长觉得得到了优惠。例如，作文课程 1000 元，阅读课程 1000 元，两者一共是 2000 元，学校可以打 8 折以 1600 元出售。但实际上与推销一个单课相比，捆绑式课程的利润更多。

价格组合设计策略三：捡便宜价格设计。

研究发现，客户用 2000 元直接购买一个商品，获得 200 元奖品的喜悦，比直接用 1800 元购买商品的喜悦程度要高很多。因此，学校可以设计三种让家长觉得“捡便宜”的方法。

第一种方法：期限内报名享受礼品。设置一个期限，如在 20 天内报名可以获得 200 元奖品，这比直接定价为 1800 元让家长获得的喜悦程度更高，尤其是“捡便宜”的感觉会更强。

第二种方法：前 30 位报名获得优惠券。前 30 位报名的学员，可以获得下一个学期报名的优惠券，如获得 300 元的报名优惠券。

第三种方法：三人同行，享受折扣。可以设置三人一起报名，享受八折优惠。

定价的三大原则及价格组合的三大策略让学校打开办学思路，为学校提供方法，明确方向。

2.3 学校应该是先做大还是先做强

有两位校长，其中一位来自北京，他做的是近年来比较火爆的机器人项目。之前他一直觉得自己的学校不够好，产品不够细，效果不够明显，于是他一直在打造学校的核心产品，希望通过好的产品让整个学校变得越来越强，更具核心竞争力。几年后，他们学校的产品开始有竞争力了，可是他发现自己经过几年的努力，也只拥有一家校区及两个很小的教学点。而此时的北京已经有成百上千家机器人教育机构，每一个机构的规模都比他的机构规模大很多。

无独有偶，一家英语学校的校长在南方的三、四线城市开了数十家分校，近年来却发现分校数量虽然多了，但是大量的校区都没有盈利，甚至还需要用盈利的校区去填补那些亏损的校区。这位校长说：“我感到非常迷茫，我的学校看起来已经抢占了所有的市场，我开设了如此多的分校，但在面临市场竞争的时候，我的学校还是没有竞争力。甚至有时候别的小机构做一次活动，开展一次招生，就能挖走大量生源。”

上述两位校长的遭遇及他们的具体情况反映出了一个问题，那就是学校在做发展规划的时候，究竟是先做大，还是先做强呢？要回答这个问题，我们必须先明白“强”和“大”的含义。强和大是联系在一起的，但是在学校发展的时候，很难同时兼顾这两点，如何取舍就要看我们怎么选择了。我们常说的“强”是指学校的内核强，核心竞争力强。而“大”是指学校规模大、校区多、覆盖率大、市场占有份额大、影响力大。

如何做到“强”和“大”呢？学校要把每一个环节、每一个细节做到最好，这是变强的根本。而“大”则是能够快速发展，简单来说就是学校能够快速复制。刚才我们提到了“大”本身就是覆盖率大，规模大，如果不能快速复制，“大”也就无从谈起。所以可以得出结论：强是核心竞争力的体现，大是覆盖率的体现。结合强和大的含义及强和大所需要的过程，我们来看一看，究竟在强和大之间应如何取舍、如何平衡、如何选择。

首先用一个例子来说明学校在运营过程中应该如何平衡强和大的关系。

广东惠州有一家已经开办了13年的美术培训机构，学校的整体运营情况很不错，学校的教职员工、团队人员和生源也都很稳定，学校处于持续盈利的状态。但是这家学校只有三个校区，从规模上来看，这个学校远算不上大，那么它是如何做到多年来持续盈利的呢？首先，这个学校在教学、教务、服务等方面的要求非常严格，校长多年来一直以身作则。

在13年中，当地美术生参加高考的前三名都被这所学校的学生包揽，学校在当地的口碑特别好。严格教学、贴心服务逐渐成为这所学校的核心竞争力，自然就让这所学校持续盈利。此外，最令人惊叹的就是它的少儿美术课程的续费方式，让很多校长觉得难以置信。每年7月底学校结束暑假课程，直到8月中下旬，学校才会联系所有就读过的学生，让他们到学校续费报名。因为学校的场地有限，这个续费报名是有限额的。例如，三个校区中的A校区只有400个名额，那么这400个名额只给前400名续费的学生，而且续费时间只有一周。按照这种限额招生的方法，家长争先恐后地来报名，每次招生都是爆满。

校长说："这几年有很多全国性的美术培训连锁机构不断涌入当地市场。"我就问他，那你是否感到了明显的压力？校长说，他感觉并不明显。他的学校在当地连续经营了13年，多年来的教学成果是有目共睹的。即便校区规模比不过"童话"、"蕃茄田"等大型美术连锁机构，但是在当地立足生存乃至有所发展都是没有问题的。在不断做强的过程中，校长也在思考该如何做大。按照现在的要求，每新开一所学校都要把现有的教学方法、服务方法、教学经验复制过去，逐步扩大校区的规模，依托现在的"强"最终兼得"强"和

“大”。这位校长在 13 年的校区经营过程中，不自觉地选择了先做强、再做大的运营方式，这与校区的实际环境、经营思路、校长个人能力、团队能力都有关系。这位校长是美术老师出身，学校创立之初，他可能只会教学，不太懂培养老师、培养人才的具体方法。他唯一能做的就是严把教学质量，用自己的方式一步步提升学校的核心竞争力。到了现阶段，校长已经摸索出了复制人才的方法，做大就是顺理成章的事了。

这位校长先把学校做强，也与当地的区域条件有非常大的关系。如果一开始就选择做大，可能只是把摊子铺开。因为自身的能力有限，无法做好管理，无法做好整个人才队伍的建设，无法把管理把控做到最好。在这种情况下，可能做得越大，“死”得越快。同一时间，一位北方的校长选择了与惠州这位校长完全相反的一条路。这位校长做的是全脑项目，不到四年时间，他的直营校与加盟校已经有数十家，发展速度快，产值也非常高。校长在给我介绍情况的时候说，目前学校的资金状况非常好，从营收现金流到利润率，各方面都不成问题。校长虽然一再强调学校也有很多其他方面的问题，如产品还不够完善、整个管理机制还不够成熟，但是因为学校快速做大，占领了整个市场，覆盖了市场的需求，越来越多的校长选择加盟和投资他们的学校。学校现在的生存条件非常好，抗风险能力很强，未来的发展空间也应该非常大。

我不禁思考，这位北方的校长为什么选择先做大？这与他选择的项目有关。全脑项目是近些年才兴起的，很多校长抓住了商机，快速进入市场。由这个例子我们可以看出，选择先做大还是先做强，时机和项目非常关键，在不同时期面对不同的项目，可能要做出不同的选择。一旦选择错了，即使做得再好，人才再厉害，资金再多，也有可能会无功而返。例如在当下这个时间节点，再去做共享单车这种类型的项目肯定会失败，因为我们已经错过了这个项目的最佳时机。而且很多项目并不是单纯从先做大还是先做强去考量。如共享单车只有做大了才能谈得上强，全脑开发项目也一样。全脑开发的概念借助《最强大脑》传播非常迅速并被家长接受。所以，如果选对了时间节点，选择先做大，不失为一种好方法。但是反过来，像美术、音乐这种传统的项目，选择先做强可能是另一条出路。

因此，我们得出一个结论：强，需要精研细磨做出特色；而大，需要能够快速复制，占领市场。到底什么学校可以先做大？什么学校可以先做强？接下来我们将介绍影响学校做大还是做强的五个重要的因素，如图 2-8 所示。

图 2-8　影响学校做大还是做强的五个重要的因素

第一，资金。资金决定了学校到底是先做大还是先做强。河南有一家舞蹈学校，校长和投资人预估投资 1000 万元。但是在实际运营过程中，他们发现做学校还有其他很多额外的开支，1000 万元很快就用完了，而开设的十几家校区还没有盈利，需要继续追加投资才能使各个校区正常运营。在追加投资这个问题上，投资人和校长产生了分歧，最后未能增加资金，校长只能不断变卖校区，缩减学校的规模，最终十几家校区没有一家存活下来，投资也宣告失败。资金是选择方向时的一个关键点。如果要做大，在有实力变大的时候可以操作，而当自身力量不能支撑学校做大的时候，可以引进外来的力量。引进的时候，务必保持这种力量的持续性。一旦中途断了，那么建立起来的大就是空中楼阁：大而空，大而无果。最终学校不仅无法做大，甚至连生存都会出现问题。

所以，当资金不是很充足或后续资金不充足的时候，我们应尽量选择先做强，再做大。当我们的资金足够、这个项目又是一个新兴项目，后续资金能够持续为我们提供保障的时候，可以选择先做大。在做大的过程中逐步做强，也不失为一种好的策略。

第二，区域环境。在一线城市做常规项目培训，竞争压力非常大。即便学校拥有大量的资金，但要想拓展校区规模，提高市场占有率，难度也是很大的。但是在一线城市，如果我们手中握有新兴的项目，那么盈利的可能性也会大大提高。这是由于一线城市的家长对新兴事物的接受能力比较强，对新项目的认可度比较高，我们可以抓住这个机会，快速占领市场。而三、四线城市却恰恰相反。

我们要针对不同的区域环境，根据手里拥有的是传统项目还是新兴项目来综合考虑是先做大、快速占领市场，还是先做强、做出自己的品牌和口碑。

第三，学校自身情况。学校内部的自身条件是决定先做大还是先做强的根本因素。如果我们的产品主打创意、新颖，市场上还没有同类产品，那么一个产品一旦面向市场，可能会快速传播，进而被其他人学习、借鉴、模仿甚至超越。因为我们做的是一个新的产品，所以模仿者自然就更多。

对于这样的产品，我们必须选择先做大，在做大的过程中再做强。这是为了能够快速在市场上立足，防止竞争对手“弯道超车”。当然，这里所说的新颖不一定是一个全新的项目，而是这个项目在之前没有太多人接触，没有太多人了解。例如，现在新兴的研学、家庭教育等，学校可以在短时间内将这些产品的概念迅速、大面积普及。

再如，在艺术类方面，学习围棋已经非常普遍，但是学习国际象棋的人非常少。现在跆拳道课程在全国都非常火爆，其实跆拳道的兴起时间并不长。全国的跆拳道践行者恰好利用了这种先做大的思维，让全国的家长和孩子都了解到有跆拳道这样一个培训市场，让整个跆拳道市场的体量和容量扩展起来，从而使跆拳道馆能够迅速发展壮大——这与跆拳道项目本身的特点有很大的关系。所以，校长要根据自己的学校情况、产品情况、当地市场普及率，来选择是先做大、还是先做强。

第四，经营思维。经营思维也同样影响着学校是先做大还是先做强。回到前面所讲的机器人培训学校的例子，校长选择的是先做强、再做大，根本目的是强大，两个目标都是校长追求的。但是在实际操作过程中，校长如果先追求强，一味地磨炼产品，那么他就在经营思维上犯了一个严重的错误，当真正做强时，市场早已经被别人占领了。因此，任何强的产品都需要经过市场的检验，而不是闭门造车。

机器人是新的项目，客户的接受程度、对产品的理解程度、对教学的关注度，在项目开始的时候可能都是不确定的。如果我们单纯地觉得自己做了好的产品，到后来却发现这个产品根本卖不出去，这个时候才想起应该先扩大规模，你会发现为时已晚。因为这时我们根本没有办法在市场中去和别人竞争了。虽然你的产品已经非常强了，但是这个强大的产品家长不一定认可，市场不一定认可，而你也错过了占领市场的最佳时间。因此，我们要特别注意，即便是先做强，也要知道如何在做强的过程中做大。

学校可以一边做大一边纠正产品的缺点，在做大的过程中逐步做强。像机器人这种新兴项目，一进入市场的时候，就应该先做大，做大之后才有机会了解家长想要什么、他们的需求是什么、他们的痛点是什么，以及家长和孩子的接受程度又是怎样的。根据这些再反过来不断强化产品的内核，提升产品质量，搭建团队，提升我们的服务体系，这才是正确的经营思路。

传统机构中如英语机构、美术机构，这些机构在三、四线城市开设很多家分校，但是效果并不好，学校经营容易长期亏损。产品的核心竞争力、可复制的能力等因素，都影响着英语机构或美术机构这种传统机构的发展。就拿英语机构来说，如果没有新的产品，只是一味地复制、一味地进入不同的区域，我们就会发现产品没有特色，也没有核心竞争力。

市场做得大，招生压力也会更大，如果品牌认可度非常低，那么整体的运营成本会非常高。因为没有核心竞争力，不能提升品牌质量，只能通过价格战等方式招生，效果一定非常差。所以，英语、美术这种传统的机构，首先不是要做大，而是要抓住自己产品的核心竞争力。例如，现在英语机构大致分为少儿英语、学科英语、同步英语等，我们就要抓住一个点无限挖掘。不要做一千米宽十米深的产品，而是要做十米宽一千米深的产品。先做大，就是要做一千米宽，十米深；先做强，就是要做十米宽，一千米深。

当我们抓住产品的一个要点后，就可以不断挖掘，不断强化。学校的内核强了，口碑的认可度也就高了，这个时候我们再去逐步复制校区，开设新的校区，才能够在做强的路上做大。归根结底，传统机构要先做强，再做大。

第五，时机。选择在什么时间做强或做大是非常关键的。就拿机器人项目来说，也不一定非要先做大再做强。在北京、上海、广东这些一线城市，机器人项目已经得到全面的发展，如果我们还依靠先做大再做强的思维去一线城市竞争，会出现以下情况：资源重叠、项目重叠，竞争压力增加。就现在来说，选择进入三、四线城市还是有竞争力的，因为三、四线城市很多机器人项目才刚刚落地，还不太普遍。

包括资金在内的后续支撑也是比较重要的，在选择做大还是做强的时候，要具体分析做大的力量来源。如果项目本身自我发展裂变的速度比较可观，那么可以依靠自己的力量做大。如果发展的速度并不可观，就要引进资金，我们也可以依托这样的力量，在做大的路上得以良性发展。

以上就是影响学校先做大还是先做强的五个重要因素。为了让大家能够更好地了解，笔者专门做了一个表格，各位校长也可以按照这个表格做判断，如图 2-9 所示。校长可以判断学校到底应该做什么样的项目、什么样的类型？学校所在的区域条件又是怎样的？产品目前的核心竞争力是什么？产品的可复制能力强不强？学样的经营思维又是什么？现阶段是该先做大还是先做强？后续资金的支撑问题如何解决？

项目	类型	核心竞争力	可复制能力	时机	区域条件	后续支撑	经营思维

图 2-9　案例表格

校长可以把这几个因素罗列出来，再根据学校的具体情况，结合我们所讲的案例和方法进行梳理。梳理完后，校长一定可以找到学校发展的重要战略，再决定到底是先做大，还是先做强。

2.4 课堂文化，不可忽视的仪式感

很多托管机构的负责人抱怨，机构的老师能力不强，只能带12个学生，多了根本管不过来。但是，在收费不高的情况下，12个学生一个班，学校利润很少。很多校长也遇到过类似的问题，明知道大班学生多利润丰厚，可因为担心老师的带班能力不强，不敢开大班。

是老师能力不够还是另有原因？不妨换一个角度来看：管理班级有时等同于管理企业，管理学生就是管理员工。在管理企业的实践中，员工文化是根本，并不是大企业才有企业文化，而是因为有了文化企业才能做大。学校的班级不也是如此吗？学校应该有学校文化，班级也应该有班级文化。

在以上案例中，除了老师能力不足，是不是还因为班级文化的建立不到位？如果班级文化能被很好地建立，老师能力这个决定性因素可能也就没有那么重要了。文化重要吗？文化背后是信仰和仪式感，当然重要。结婚典礼重要吗？也许很多男生觉得它没那么重要，但是对于父母和女生来说，结婚典礼很重要，因为它是一种仪式。升旗仪式重要吗？祭祀仪式重要吗？在我看来结婚、升旗、祭祀都是一种文化，它们当然重要。

由此可以得出结论，课堂文化是不能忽视的，它很重要。从某种程度上来说，它和老师的能力同等重要。良好的班级文化和仪式感，可以在一定程度上弥补老师在学生管理方面能力的不足。

那么，如何丰富课堂文化，让课堂文化更有仪式感？可以从两大维度来考虑：

第一个维度是总体设计，用管理企业的思路设计班级和课堂文化。

第二个维度是分体设计，即课堂班级文化设计的六要素。

接下来先介绍总体设计，用管理企业的思路去设计；然后介绍分体设计，即班级文化设计的六要素。

总体设计的维度是用企业管理的思路设计班级和课堂文化，不要把班级和课堂当成学校的一部分，而是把它当成企业的一部分。我们如何管理企业并设计企业文化，也应如何设计班级文化。如何把文化注入员工的思维中？即把学生想象为员工。

接下来重点介绍分体设计：课堂班级文化设计的六个要素，如图 2-10 所示。

图 2-10　课堂班级文化设计的六个要素

一、班级文化的顶层设计

在设计企业文化时，一定会先设计企业愿景、使命、价值观及口号。班级文化也一样，就是要用企业管理的思路来设计班级文化，所以班级文化也应该有愿景、使命、价值观和口号。

有一个这样的案例，如图 2-11 所示，班级叫作向日葵舞蹈班，它是班级文化的模板。这是一个舞蹈学校的班级，班级名字是由任课老师和学生一起想出来的。班级的愿景是用舞蹈打开人生成功的大门；班级使命是让舞蹈成为陪伴孩子一生的爱好；班级的价值观是自信，因为向日葵代表自信和阳光；班级口号是“一个都不能少”。

向日葵舞蹈班文化模板

愿景	用舞蹈打开人生成功的大门
使命	让舞蹈成为陪伴孩子一生的爱好
价值观	自信
口号	一个都不能少

图 2-11　班级文化的顶层设计

这位任课老师把班级愿景、使命和价值观做成 KT 板，上课时把 KT 板拿到教室，下课时再把它拿回办公室。这样，不同的老师每次上课都可以使用。同样，在班级门口应设立一个放名牌的位置，上课时，老师把班级名字和卡片放到卡位上，等下课时把它拿走，下一个老师又可以用。班级名字卡可以随时进行更换，班级文化也可以根据不同班级更换。

班级文化的顶层设计是任课老师必须做的一种文化设计，它分为愿景、使命、价值观和口号。

二、班级文化的视觉设计

刚才讲到用班级名字的卡位和文化KT板来展示班级文化，这其实是视觉设计。但是还不够，我们还可以将视觉设计做得更科学、好玩、有趣，有一个专业术语叫作环创设计。墙体的环创设计一定要有互动式设计。

接下来举两个例子。

第一个例子是在新加坡游学的时候，我们拍摄了一个早教幼儿园墙体的互动式设计，叫作数学思维墙。

墙上画了10个小球，每个小球下都有一个杯子，杯子里有相同数量的小球，让孩子能够直观地体验和感觉。摸一下带有数字1的纸杯，就有一个小球；摸一下带有数字2的纸杯，就有两个小球。这就是互动式设计。

第二个例子是抖音上非常火的案例，叫作答案选择球。将一个小球放在空位置，放下之后，小球可能随着重力走向三条路：左边、中间和右边。走左边这条路可以得10分，走中间这条路可以得5分，走右边这条路可以得20分，也可以设计为作业减半、作业不减半、作业增加等。利用这样的互动式设计，让孩子觉得好玩有趣，形成视觉化的班级文化设计。

三、班级文化的课堂设计

课堂设计有很多方法，如桌子的摆放方式，尤其是做文化课的学校，桌子的摆放方式可能一年都没变换过，没有什么花样。其实学校完全可以根据上课内容、互动方式的不同变换桌子摆放的方式。例如上讨论课时，可以把桌子摆成圆形或弧形；在辩论式沟通课堂，则可以把桌子摆放成左边一排、右边一排，让学生面对面进行 PK。再如，在老师和孩子上游戏课时，可以把桌子摆成四边形，每个边都能坐孩子，老师站在中间，四个角度的孩子都可看到老师在中间的展示。

所以，将桌子按照不同方法、方式摆放，本身就让孩子对课堂充满期待，这也是课堂文化的一种。另外还有教具设计，老师的服装、头发、帽子的设计，都可以随着课堂内容而变。如果老师想让孩子画一个印第安人，不妨买一个印第安人的假发戴在头上，让孩子照着画出来。又如，如果老师要教孩子跳蒙古舞，不妨买一套蒙古风格的服装穿在身上。所以，老师应该根据不同的内容去设计课堂道具。

老师形象的变化，也是班级文化的体现。为什么特别强调老师的形象？孩子是具有初步审美观的，老师也一样，老师的形象决定孩子是否会喜欢你，能否喜欢课堂。所以，老师形象、教具设计和桌子的摆放，都是班级文化的设计要素。

来自昆明的李阳校长，就要求老师拿出工资的10%提升形象，他甚至聘请专门的化妆、衣服搭配、首饰搭配的专家给老师做形象设计的培训，就是为了让这种课堂设计能够真正地实施，让孩子通过喜欢老师而喜欢课堂，从而喜欢学校和班级文化。

四、班级文化的调动设计

班级文化的调动设计，就是如何在课堂中和孩子进行互动，调动孩子的积极性。调动设计不同，班级培养的孩子其积极、勇敢、乐观、自信的品质也不同，所以不要小看调动设计。调动设计有以下几个方法：

第一，设计学生抢答器。不管文化课还是艺术课，老师一定要和学生互动，要帮孩子形成自愿、勇敢、自信等品质。抢答器是什么呢？大家用餐的时候会发现，菜做好后，厨房会按一下铃，然后传菜员就知道了，他会把菜端上餐桌。这个铃叫传菜铃，完全可以用在课堂上，作为学生的抢答铃。老师可以让学生围成一个圈，把抢答铃放在中间的桌子上，谁会回答就跑过去按一下，然后作答，培养孩子自信、勇敢、快速反应的品质。

第二，采用篮球记分牌。在篮球比赛中，有一个记分牌，得 2 分就翻一页记分牌，变成 02；得 3 分就变成 03，哪个队多少分一目了然，由此形成激烈对抗的氛围，激发团队潜能。把这种篮球记分牌引入班级中，让孩子分为两个小组进行 PK，感受激烈的比赛氛围。这个方法也可以用在体验课中，让家长感受课堂的新颖和班级文化的不同。

抢答器和记分牌都可以在网上购买，价格非常便宜。此外，抢答器还能作为纪律管控器，当孩子捣乱时，老师可以按抢答器，形成紧凑感，让孩子迅速安静下来。

五、班级文化的互动设计

前面介绍的是调动设计，调动孩子的课堂积极性，除此之外，孩子还要和老师互动，可以用一个比较新颖的方法，叫作鼓的利用及互动法。这个方法源于朗培商学院的某市场团队，团队为了庆祝市场部员工出单，会在办公室放一个鼓，谁出单谁就可以去敲鼓，然后所有人起立为他鼓掌，让他有荣誉感和成就感。

可以将这个方法用在课堂中，当孩子正确回答问题时，他就可以去敲鼓，全班同学起立为他鼓掌。还可以在课前课后用敲鼓代替铃声，用鼓声形成有特色的班级文化。还可以在课前让孩子鼓掌，刚开始鼓掌的频率可以慢一些，孩子很慢地鼓掌，然后老师击鼓速度加快，孩子的鼓掌频率也越来越快，当到最快的时候鼓掌突然结束，安静下来后再开始上课。不管是文化课、艺术课，还是早教幼儿园，或者托管机构，一个鼓可以改变整个班级的互动方式，让班级文化给家长留下深刻的印象，甚至还有家长录制视频发布到微信朋友圈，促进学校提升口碑和传播品牌。

六、班级文化的激励设计

管理孩子就像管理员工，设计思路就是利用企业管理打造班级文化。最后这个维度依然来自企业管理，叫作激励设计。孩子比员工更需要被激励，这本身也是教育的本质。激励设计有如下两个方法：

第一个方法叫作 PK 激励。管理员工有 PK 机制，管理孩子也一样。课堂上除了有男女生 PK，还有“狼牙队”和“战狼队”，或者让 A 和 B 同学进行 PK。同时孩子可以 PK 学习之外的内容，如比谁更勇敢、比谁更善良、比谁更有自信。可以这样来 PK：邀请孩子的父母到现场，孩子相互约定 PK 方法、流程和内容，然后签署协议，父母把孩子的 PK 协议发布到朋友圈，邀请亲朋好友点赞。这也是一种巧妙的宣传方法，既能培养孩子的良好品德，也是展示班级文化的一种方式。

第二个方法是利用抓娃娃机来激励。校长可能会觉得把抓娃娃机放到学校里并不好。其实，校长完全可以把学校的礼品柜更换为抓娃娃机，已有数十位校长这样做了。抓娃娃机的效果非常好，抓娃娃不是玩物丧志，只要用对方法，家长肯定鼓掌欢迎。我们来看看该如何利用抓娃娃机来激励孩子。

首先，抓娃娃币不能用钱买，学生在校表现好才能够获得抓娃娃币。所以家长是欢迎的，因为它激励孩子表现得更好。

其次，非本校的学生不能用抓娃娃机，这也是一种饥饿营销。比如在托管机构中，作业完成得又快又好的前十名学生都可获得抓娃娃币；做得慢的学生只要在规定时间内完成作业，正确率达到要求，也可获得抓娃娃币；纪律好的学生也可获得抓娃娃币。

孩子因此会有团队荣誉感和凝聚力，学校的课程续费也因此变得轻松。除了抓娃娃机，还可以设置抓其他东西，如薯片、干脆面、果冻、笔袋、溜溜球等，让激励设计成为学校的亮点之一。

回到本章最开始的案例中，老师只能带 12 个学生，难道是老师的能力有问题吗？这也许是老师的问题，但我们可以利用班级文化弥补老师能力上的不足。老师并不是能力不足，而是管理班级的精力不足。在这种情况下，良好的班级文化能让孩子自己管好自己，老师就有更多时间和精力专注于孩子专业技能的提升。所以，老师的能力和班级文化是相辅相成的，给班级注入文化和信仰，让课堂充满仪式感，才能给老师的教学插上腾飞的翅膀。

本章从六个维度，以企业管理的角度介绍如何设计班级文化。分体设计有六个要素，第一个是顶层设计，即班级的愿景、使命、价值观、口号；第二个是视觉设计，一定要让墙体的设计有互动感；第三个是课堂设计，设计桌子的摆放方式、教具等；第四个是调动设计，利用抢答器、记分牌调动学生的积极性；第五个是互动设计，它来自团队管理的鼓的设计；第六个是激励设计，利用 PK 及抓娃娃机来激励学生。

2.5 学校该增加产品，还是聚焦产品

很多校长在办学过程中，当学校做到一定阶段时，都有这样的困惑：要不要把一个学科变成两个学科，把两个学科变成四个学科？到底是把学科从一个变成两个、四个，还是聚焦最有优势的学科？**做学校，到底该增加产品还是聚焦产品**？

首先，我们来看一个关于教育培训综合体的案例。有一位校长在校区运营过程中遇到了难题，他在湖北一个地级市租了一整栋大楼，计划利用大楼打造一个全方位的教育培训综合体。校长为了抢占资源和当地市场，在将自己原有的文化培训课程加入学校后，又迅速加盟了很多艺术类培训学校，想把学校做成有具体意义的大而全的综合体。然而，随着加盟项目的不断引进，教育培训综合体的

运营逐渐陷入恶性循环中。刚开始，学校的招生情况并不理想，只有一两百名学生，学校便积极地向在读学生的家长推送其他产品。考虑到上课地点在同一栋大楼，家长也就给孩子多报了培训项目。校长尝到了甜头，就根据家长的需求不断增加学校的课程，如艺术、跆拳道、素质类课程等。

增加了多种课程后，这位校长发现，学校不仅没有留住学生，反而让学生更加分散，每个项目的学生数量不多，但关闭项目又会导致学生流失，所以学校的整体招生出现了非常严重的问题。为什么校长一心想要打造教育培训综合体，却落得这样的下场？是学校没有整体的营销理念、营销团队不懂课程推广，还是在实际运营管理中犯了错误？其实都不是，原因是学校在产品的管理和战略定位上犯了严重的错误。教培行业中这种例子比比皆是，很多校长把一个项目做得很好，就把项目增加到两个、三个甚至四个，却发现后边的项目没一个是令人满意的。

那么，学校到底是该增加产品，还是该聚焦产品？相信大家都看过武侠小说和电视剧，那么武林高手是如何炼成的？他们是学习每个门派的武术，还是只学习一个门派的武术？**真正的高手应该用十倍的力量做一个产品，不停地反复练习、磨炼，一招定输赢，一招定天下。**

由此可见，做学校，一定要先把一个产品做到极致，把一个产品做到区域第一。当把一个产品做到区域第一时，就可以把两个、三个产品以同样的方法、管理策略和营销技巧复制到其他优秀的产品上。但前提一定是，用十倍的力量去做一个产品。先把英语课做到当地区域第一，总结经验，再把经验复制到作文课、跆拳道课、美术课。如何做？复制招生方法、教研流程、服务流程、管理运营经验、策略、技巧。能把一个产品做好，才可能把两个产品做好。反过来，一个产品没做好，两个产品更做不好。希望通过我的分享，坚定校长心中的想法：把一个产品做好，再去做第二个。当第一个产品还没有做到让自己满意时，增加产品无异于自掘坟墓。

接下来，介绍学校发展阶段聚焦产品的四大价值。

第一，聚焦产品，人员就会聚焦，成本变得可控。某学校只有一个产品，就是作文课，这时有 100 个学生、两个或者一个老师，人员很聚焦。如果学校同样有 100 个学生，但有三门课程——作文、跆拳道、舞蹈，那么至少需要三个老师，每个老师的工作量都不饱和，人员分散，成本过高。所以，产品聚焦，人员聚焦，成本可控，这是聚焦产品带来的第一个价值。

第二，聚焦产品带来宣传聚焦，口碑易形成。当学校只有一个产品时，我们就是这个产品的代言人，要努力把这个产品打造得与众不同，用十倍的力量去打造一个产品。先把一个产品做好，再去做第二个、第三个产品，所以产品聚焦，宣传就会聚焦，口碑也更易形成。

第三，聚焦产品带来管理聚焦，风险降低。因为只有一个产品，所以，能聚焦老师、员工、课程、教案、教学、服务的管理等。因为只有一个产品，所以风险会降低。

第四，聚焦产品带来服务聚焦。来学校学习的都是对课程有需求的孩子，不管给他们提供课后练习、增值服务，还是家庭教育讲座，都是聚焦于产品的。因为课程单一，课程聚焦，家长的需求和孩子的痛点都聚焦，最后学校会获得良好的口碑。

所以，学校在发展阶段，聚焦产品拥有四大价值：人员聚焦，成本可控；宣传聚焦，口碑易形成；管理聚焦，风险降低；服务聚焦，满意度增加。对于发展中阶段的学校来说，聚焦产品无疑是一个抵抗风险、快速成长的最佳途径。

那么，该如何去实现聚焦产品呢？可以利用钻井模式，如图 2-12 所示。聚焦产品的钻井模式有三个维度。**第一个维度，一米宽**。打井时，井就这么大，直径只有一米。**第二个维度，断舍离**。这个地方打不出水，就要果断舍弃。**第三个维度，一致性。**一千米深，不要偏离方向，像钻井一样选定某个地方，然后挖掘到一千米，直到把水打出来为止。不要打到 200 米就换个地方，打到 300 米再换个地方，最后永远打不出水。所以，要坚定一致性，选定那个有水的地方，选定一米宽，不停往下挖掘。要挖到一千米，要做到与众不同、创新、差异化。这样一来，**学校和课程便画上了等号**。

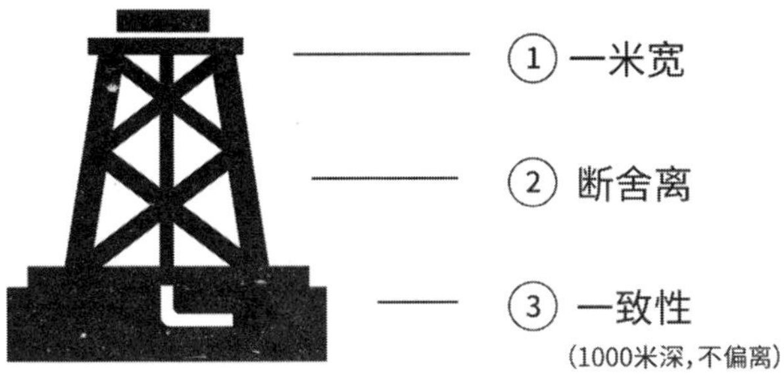

图 2-12　聚焦产品的钻井模式

如何实施钻井模式？有一种策略，叫作四眼看天下，如图 2-13 所示。

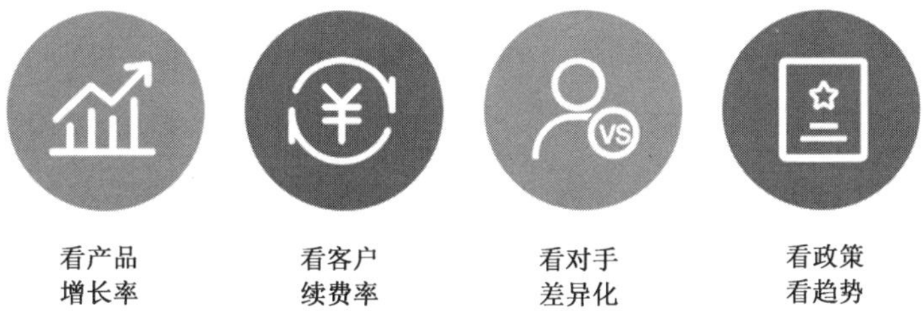

图 2-13　如何落地钻井模式

第一，看产品增长率、市场占有率是不是每学期都在增长。如果增长率、续费率、差异化、趋势率都高，叫作四高，那么要把产品果断留下来，不断挖掘到一千米深，打造差异化。

第二，看客户续费率是不是在一个优秀的标准之上。对于难以实现差异化的，我们要利落地舍弃，不要浪费太多的精力、人力和物力。

第三，看对手差异化，与对手相比我们是否有创新。例如，别人上英语课我们也上英语课，别人上舞蹈课我们也上舞蹈课，别人上跆拳道课，我们也上跆拳道课，这些课程没有差异。别人挖掘到了200米，我们有没有挖掘到500米或1000米?

第四，看政策，看趋势，看这个课程是否符合国家要求。不符合未来国家政策和趋势的，自然要舍弃，因为有风险。利用四眼看天下的策略，我们能够厘清哪些产品要断，哪些产品要舍，哪些产品要留，哪些产品要变。

接下来看一个案例：开展作文课学校的自我救赎之路。这家学校的重点是作文课，但由于校长没有搞明白是该聚焦产品还是增加产品，短短一年时间，校长把学校变成了拥有五个产品的学校，分别有作文班、全脑开发班、数学班、英语快速记忆班和幼儿识字班。通过四眼看天下策略，我们发现幼儿识字班增长率低、续费率低，所以学校果断舍弃。而数学班已经被高思数学、佳一数学等侵占，没有优势，所以学校放弃了。全脑开发班和英语快速记忆班比较符合国家政策，但要进行改变，将全脑开发班和英语快速记忆班联合，变成研学英语班。作文班是核心产品，所以要留下。通过一系列分析，我们可以得出如下结论：要做小而美的学校，先把一个产品做到区域第一，然后再做横纵复制。横向复制是校区的裂变，纵向复制是产品的裂变。

关于复制技巧，有如下三个要点：

第一，阿米巴经营的原则。每一个独立的产品和课程都要求财务独立运算，利润独立核算，团队独立组建。

第二，在密集区域打“歼灭战”。在一个区域内集中开店，抢占这个区域中的客户。

第三，要快速复制校区和产品课程，还必须有人才统一的培训体系，用标准化的内容和系统源源不断地打造人才团队。

回到案例中，那个大而全的教育综合体学校犯了四个错误。第一，学校认为提升业绩靠增加产品；第二，学校没有打造具有战斗力的团队，没有人才复制系统；第三，学校没有通过原有的文化课程，打造出可复制的流程，贸然增加艺术类的课程；第四，学校没有另立门户，组建团队，没有采用阿米巴经营原则。

该如何挽救这样的错误？有如下四个方面。第一，利用四眼看天下的策略重新定位，断、舍、离、变；第二，将重心从产品转移到团队，打造可复制的流程和人才团队；第三，分而治之。把一栋大楼分为几个阿米巴经营的小单元，作为多个学校来运作；第四，将部分产品外包，联合经营，抵抗风险，分担压力。

2.6 教研是对教育最大的尊重

众所周知，教研是提升教学能力的重要方式，但是很多校长苦恼的却是校区教研形同虚设。如果不教研，教学质量就无法把控，课堂效果就无法保障，新老师无法很好地成长，教学口碑也很难形成。如果教研，教研等同于浪费时间，教研流程没有章法，教研活动没有结果，更重要的是教研无法让学校的效益有所提升，于是，很多学校的教研形同虚设。

到底什么是教研？教研对学校来说重要吗？我们又该如何开展教研活动呢？接下来就详细介绍与教研相关的内容。

什么是教研？

教研，顾名思义，就是教学研究、教法研讨，重点在于研究和研讨。其实对于所有行业来说，对产品的研究和研讨都十分重要。教培行业也不例外，学校的产品就是课程。我们对教学方法、课堂、教案进行深入的研究和研讨，就是对家长负责，对孩子负责。研究和研讨是教研的重中之重。

研究和研讨有如下三个要素：

第一，一定要有主题。既然是研究和研讨，一定要有研讨的主题。在医疗领域，我们要研究如何抗癌，是需要确定主题的，如治疗肝癌还是胃癌。同理，在教育方面，当我们要做研究和研讨时，也要有主题，而且主题要聚焦。就像要研究一款治疗所有癌症的药是不现实的，我们的教研也是一样的，每次研讨要解决问题、制定主题，要做到聚焦。

第二，一定要系统地思考。很多学校做教研活动，老师在教研当天才知道教研的主题，甚至教研活动开始了，教学团队连教研的主题都不知道。所以，每次教研的主题一定要提前 3～5 天布置给老师，让他们系统地思考，这样的教研活动才有意义。

第三，一定要坚持并创新，要与时俱进，要有差异。五年前我们不知道微信是什么，两年前我们不知道抖音是什么，但是现在微信和抖音已经成为我们生活的必需品。我们的教研、研讨是否有创新，是否与时俱进，是否和竞争对手有差异，都是校长在做教研活动时要思考的。

接下来介绍教研的三大价值。

第一个价值：凸显学校的定位，彰显学校的核心价值观。

这里举两个例子。第一个例子以农夫山泉为例。提到农夫山泉，大家是否能想到农夫山泉的产品定位是什么？它在广告中明确地告诉我们，他们是大自然的搬运工，这就是它的定位。有了这样的定位，公司自然就会有自己的研究和创新的方向，所以公司的核心任务就是要找到大自然中的干净水源。

第二个例子以美的冰箱为例。该公司的核心是变频，产品注重节能省电，所以他们研究和创新的方向就是要研发出更加省电、节能的变频冰箱。

所以，不管是传统的制造业还是教育培训行业的教研活动、创新、研究方向，都可以彰显这个行业的定位及它的核心价值观。就像农夫山泉的定位是大自然的搬运工，所以他们要找水源；美的公司的核心是省电，所以他们要研究如何省电节能。

学校的定位也是一样的，很多学校提出了素质教育的口号，那么教研活动围绕着素质教育展开了吗？有没有在教研活动中思考、创新？如何将培养孩子勇敢、自信、毅力等品质融入课堂，真正实现素质教育？有的学校的核心价值观是打造未来的精英人才，那么精英人才应该具备哪些品质？教研是否凸显了学校的定位，是否彰显了学校的价值观？还有的学校提出了快乐学习的理念，某些舞蹈学校提出要塑造孩子的气质，一些文化课 K12 学校提出要在玩中学、在学中玩，那么学校提出的定位——快乐学习、精英人才、素质教育、塑造气质、在玩中学、在学中玩，是否在教研活动中有所体现?

所以，各位校长不妨记下这样一句话：能够体现学校定位或核心价值观的永远不是口号，而是教研活动，这是教研最重要的价值。

第二个价值：优化现有教案，与时俱进，创新教法。

有这样一句话：没有创新就没有抵挡未来变化的能力。如今，校长的最大困难，就是不知道未来是什么样子的。所以，校长最应该提升学校的一种能力，即抵御和驾驭未来不确定性的能力，而教研就是让我们提升驾驭未来的能力的一种快捷途径。教研的核心就是不断地挖掘差异，即寻找我们和竞争对手的不同之处。

很早以前，学校提出双语教学，既要讲中文又要讲英文。后来，为了让孩子学到更加纯正的英文，我们聘请了外教老师，再后来又有了慕课的网络课堂、反转课堂、双师课堂。我们发现整个教培行业的发展过程，就是教学教法差异化的过程，是不断创新的过程。

第三个价值：老师管理的有效手段也是形成口碑的有力武器。

没有规矩不成方圆，教研是老师必须遵守的规范，是“高压线”。教研活动是所有老师（不管是全职老师还是兼职老师）必须参加的活动，必须规范老师团队的管理。另外，在教研活动的过程中，有一种非常重要的策略——教研活动要邀请至少一位家长参加，我们可以将其称为家长私董会。原因如下：第一，让老师对教研充满敬畏感。第二，让家长对学校产生信任感、认同感，让他们了解学校是如何教研的，是如何把握教学质量的。来参加教研活动的家长可能会发朋友圈，也可能会将他们的所见所闻告诉身边的朋友，这样我们的教研活动才有价值、有意义。

讲完了教研的三大价值，接下来介绍教研活动过程中的“三个必须”。

第一个必须，必须有仪式感。仪式和形式虽然只有一个字的差别，但是效果却有天壤之别。形式让人厌恶，但是仪式却让人有崇拜感、崇敬感和期待感，所以有仪式感是教研活动的第一个必须。

首先，在进行教研活动之前一定要宣誓。当家长看到老师在每一次教研活动前都宣誓的时候，他们会有一种油然而生的崇拜感，这就是对老师教研活动的认可。

其次，要拉横幅，把教研的主题写到横幅上，并且挂在教研的教室中，让老师感觉到一种神圣感。

最后，老师如果有好的创新方法和好的教学方法，被其他老师认可后，一定要在学校里推广并且重新命名。例如春晖课堂调整坐姿法、小林课堂调控互动法等，要用老师想出来的方法命名，或用他的名字来命名，让他有一种成就感。

仪式感还可以体现在教研活动中为老师准备冷餐、水果或糕点等行为，让他们感受到教研活动庄严、神圣、有意义、有价值，是一种有仪式感的活动。

第二个必须，必须人人发言。我们把活动的主题提前布置给了老师，老师要根据内容进行准备，并依次发言。发言表现的好坏可以由现场的家长来投票，最后给家长认为发言比较好的、得票高的老师颁发证书或提供教研奖金。

第三个必须，必须有主持人。主持人会把握流程、时间和发言的顺序，最后进行总结。由校长本人或教学主管来做教研活动的主持人都非常合适。

教研活动还有五个核心要点。

第一，教研课堂的目标。前面提到，大多数学校的教研、教材、教法、教案中都只有一个目标，那就是课堂的知识目标。例如，有的老师是教美术的，只注重教孩子用色；有的老师是教舞蹈的，只注重教孩子舞蹈；有的老师是教作文的，只注重教孩子写作文。他们只重视知识目标，却忽视了德育目标和思维目标。所以在教研活动中除了知识目标的教研，还要把重点放在德育目标和思维目标的教研上，让参与现场教研的家长知道，学校不仅教孩子写作文，背英语单词，完成舞蹈动作，更多的是让孩子成长成才，成为未来的精英。

第二，教研教学的方法。课堂上老师该如何提问、如何互动、如何给孩子加分、如何奖励孩子、如何指导孩子做练习是教研的重中之重，而且在这个过程中一定要有创新，有差异。

第三，教研课堂的形式。这堂课是用游戏的方法，拓展的方法还是小组 PK、个人挑战赛的形式，这些都是教研的核心。

第四，教研的呈现形式。教研不仅是让每位老师口头阐述这堂课该如何上、如何把游戏融入课堂中、这堂课要用什么样的方法，更重要的是一定要进行现场演练、现场模拟，也就是试讲。要把这些方法真正地模拟出来，看看是否有漏洞，还有没有需要创新和改进的地方。大家互相讨论，让家长了解学校是如何把创新真正融入课堂中的。所以，教研最终的呈现形式就是试讲。

第五，教研的成果展现。一定要形成统一的标准教案，并且在上完课之后、再次做教研活动的时候，根据课堂上出现的问题继续修正教案。教研过程中资料的积累是学校最大的财富。

最后介绍一个教研实操案例，主题是如何在美术课堂中训练孩子的勇敢品质。

主题下发的时间是 6 月 6 日，教研的时间是 6 月 11 日，学校给老师五天的思考时间。

主持人由教学主管赵老师担任。邀请的父母有周岩的妈妈、赵小巧的妈妈和秦岚的奶奶。

发言的顺序是刘老师、张老师、吴老师、杨老师和周老师，最后是主持人赵主管，每人五分钟。

具体流程如下：

第一，集体宣誓，用时 2 分钟。

第二，宣布发言的顺序及 PK 规则，用时 3 分钟。

第三，依据主题按顺序发言，用时 35 分钟。

第四，休息时间，用时 15 分钟。

第五，老师和家长讨论环节，用时 20 分钟。

第六，试讲，用时 20 分钟。

第七，总结颁奖，用时 5 分钟。

第八，合影留念，用时 3 分钟。

这是一个完整的、有家长参与的教研流程，校长可以按照这个方案实操。

最后为大家展示主题发言工具表，如图 2-14 所示。如何在美术课堂中训练孩子的勇敢品质，分为教学目标、教学方法、教学形式、课后练习和家长反馈。老师可以根据自己对这堂课的思考，把这个表填完之后，在教研的过程中按照顺序依次发言。

如何在美术课堂中训练孩子的勇敢			
	方法一	方法二	方法三
教学目标			
教学方法			
教学形式			
课后练习			
家长反馈			

图 2-14　主题发言工具表

根据前面讲到的内容，我们了解到一个好的教研活动必须具备以下五个维度：第一要有研讨的主题；第二要有仪式感；第三要邀请家长参与；第四要有 PK 的过程；第五要进行试讲。

2.7 “积分课堂”让孩子爱上学习——玩转家校积分

一位来自深圳做 K12 的老师说，现在的学生越来越难管，尤其对于民办教育机构来说，课堂管理不严格学生就不会认真听课；课堂管理严格又担心孩子不喜欢，家长有意见。学校想让课堂多样化，老师却总是力不从心。

到底是什么原因导致民办学校的老师有这么大的畏难情绪？民办学校的老师该用什么样的方法管理课堂、管理学生呢？

先来分析家校角色的现状。民办学校和公办学校有一个最大的差别就是民办学校首先得让孩子喜欢课堂，让家长信任，我们来看一个全新的家校角色现状分析表，如图 2-15 所示。

老师的要求	学生的做法	家长的意见
不请假，不迟到	动不动就请假	孩子要喜欢，学习要快乐，效果要明显
课堂纪律好，积极参与，好玩有趣	纪律差，不服从管理，效率低，学习效果不理想	
完成作业，保质保量	抱怨公立学校作业太多，对于民办学校的作业却草草了事，甚至不做	

图 2-15　家校角色现状分析

可以看到，民办学校的老师对学生有几个核心要求。第一，不能动不动就让学生请假，所以老师的要求是“不请假，不迟到”，要保证每一堂课学生都能来，因为学生一旦不来，就可能无法保障教学效果。

可是学生对民办学校，尤其是对辅导班的重视程度没有公立学校那么高，他们一有事就请假。

第二，首先需要了解孩子的兴趣，才能在补习班帮助孩子更好地成长，因此老师就要求课堂纪律要好，孩子的参与度要高，而且整个课堂要好玩有趣。

但是学生的纪律很差。学生在公立学校不敢乱说话，不敢乱吃东西，但是在辅导班他们却为所欲为，不服从管理，致使学习效率低，学习效果不理想。

第三，老师要求学生保质保量、按时完成作业，这样才有效果。因为对于民办学校来说，效果就是“生命线”。但是学生一方面抱怨公立学校的作业太多，另一方面又不认真完成民办学校的作业。

再来看家长的意见：“我只要孩子喜欢就好。”“孩子要快乐地学习。”“最重要的是孩子学习的效果要明显。”

在这样的三重角色的条件下，老师到底该如何管理课堂才能既让家长满意，又让孩子喜欢，还能让课堂有效果？

大家可以记下这样一句话：往往不是老师的教学能力有问题，而是老师的课堂管理能力有问题。

是的，问题可能不是出在老师的教学能力上，而是管理能力上。

不妨换一个角度，用管理学校的方法管理学校的课堂。

之前，我们讲过积分管理，就是利用积分的方式管理员工，很多校长也在用此方式管理课堂，但是用积分的方式管理课堂真的做到位了吗？真正获得好的效果了吗？

结果往往是孩子回答了问题得到积分，用积分来换奖品。然而，老师消耗大量的成本，并没有获得好的效果。

成本增加了，用积分的方式却没有真正获得好的效果，这很可能是因为老师与完善的“积分课堂”还有差距。

一、“积分课堂”的五大价值

一个完善的“积分课堂”的五大价值如下：

第一，可视化。学生可以实时看见自己在学校得到了多少积分。

第二，目标感。学生都有一个共同的目标。

第三，成就感。要充分激发学生的成就感，让他们看到自己积分的增加和排名的变化。

第四，互通性。这个“积分课堂”分为两个分：“家分”和“校分”。“家分”指的是学生在家庭里的加分，即家长给他加的分；“校分”指的是学生在学校获得好的表现得到的分数，“家分”和“校分”相辅相成。

第五，持续性。学生从学校毕业前会始终拥有积分，这还能够帮助我们促使学生续费。因为他在学校的时间越久，获得的积分就越多，能兑换的奖品就越多，对他的激励也就越大。

二、“积分课堂”实施的四个关键词

“积分课堂”在学校该如何实施呢？

下面来看四个关键词。

第一个关键词是“一人双分”。大家已经知道一个是“家分”，另一个是“校分”。

第二个关键词是“奖惩标准”。怎样可以加分、怎样可以获得更多的加分、怎样会被惩罚扣分……对于这些，学校都要有一个奖惩的标准。

第三个关键词是“积分管理”。这主要是指积分该如何记录、如何管理。

第四个关键词是“奖励兑换”。这主要是指在获得积分之后，学生如何兑换奖品。

接下来，对这些关键词依次进行具体地说明。

关键词一：一人双分

第一个分叫作“家分”。这个加分来自学生在家庭中的表现，达到一定的分数就可以兑换奖励，兑换后即从“家分”中扣除相应的分数。

例如，学生要换一个 200 积分的保温杯，那就从他的积分中扣 200 分，这样他才能把这个保温杯拿回家。如此就实现了一个分数不断更新迭代的机制，这和学校现正在使用的积分管理有异曲同工之妙。

不同之处在于第二个分——“校分”。“校分”来自学生在学校的表现得分，达到一定的分数以后，学生可以按照学校的礼品表，依次获得礼品表中的奖励，而且越往后奖品越好。

大家要注意：“校分”不清零，不作废，一直到学生毕业为止。

“家分”是为了让学生能够每周或每月达到一定的分数，就可以换到自己心仪的礼品，让他有新鲜感；“校分”是学生在学校里待得越久，分数就越多，后面的奖励越好，学生的成就感就越强，且“校分”不清零，不作废。

在这种制度下，学生就会更有获得“校分”的欲望。自己的分数越来越多，后面的奖励越来越好，这刺激感也越来越大。

关键词二：奖惩标准

“家分”的加分，主要是根据家长向老师反馈学生的家庭表现，由学校按照制定的标准及范围进行具体的加分。当然，“家分”是要有上限的。

家长可以在微信群里向老师反馈，由老师根据学校制定的标准进行加分。

“校分”主要由老师根据学生在学校各方面的表现，按照学生自身制定的标准及范围进行加分。“校分”是不设上限的。

例如，学生上课举手回答问题、作业完成得好、进步比较大等，都是由老师来操控的加分范围。

“家分”和“校分”是有区别的。“家分”是学生在家庭中的表现，由家长反馈给老师；而“校分”则由老师在学校里根据学生的表现进行打分。

这里有一个“校分”和“家分”的加分标准模板，以供参考。

学生上课没有迟到，可以加 2 分；如果迟到了，则要扣 2 分。如果学生没有早退，加 2 分，反之则扣 2 分。如果学生没有请假，加 2 分，反之则扣 2 分。

根据学生发言的情况加 2～5 分；按时完成作业的学生加 3 分，没有完成的扣 3 分；作业完成的质量也可以有 5～10 分的加分，考试在班上前十名的学生可以加 10～30 分等。

学生在班级中担任小组长还可以有额外加分，担任学习委员、班长等都可以获得加分。

除了这些课堂上的标准，在课间维持好纪律、遵守上课铃声、做到上课准时等，都可以获得加分。大家可以根据学校的情况自行设计。

“家分”的加分标准如下：学生主动承担家务加 30 分，要有照片和视频作为证据；学生给爸爸妈妈讲晚安小故事，可以获得 30 分的加分；学生孝敬长辈，可以加 30 分；学生主动组织召开每周家庭会议，做小主持人可以加 10～40 分；学生争做“小雷锋”，加 30 分等。

可以由学校设置标准，再将标准告知家长。

有了加分标准后，就可以设计一个表格，本月每个学生从 1 日到 30 日，哪一天加了“家分”，哪一天加了“校分”，哪一天扣了分，都可以用这个表格做好详细的记录。

关键词三：积分管理

首先，来看积分管理的第一个维度——呈现的形式。

为了让孩子更有仪式感，不妨把课堂积分管理做成“成长存折”的形式。人人都有一本“成长存折”，这样可以让学生有仪式感。

可以用 A4 纸做一个“成长存折”，如图 2-16 所示。

这个“成长存折”的内容非常丰富，写明了开户人、开户地、开户时间等。

另外，“成长存折”还包括如下基本信息：学生的姓名、兴趣爱好、年龄、出生日期、学科、联系方式、“我最喜欢的一句话”、家庭地址等，还能贴上一张学生的照片。

LOGO+朗培学校

“成长存折”

开户人：

开户地：

时　间：

姓名		兴趣爱好		PHOTO
年龄		出生日期		
学科		联系方式		
我喜欢的一句话		家庭住址		

少儿宣言

我宣誓：

从今天开始，我保证将以实际行动争取每一分，我要努力，在付出中得到幸福，实现自己的梦想！

宣誓人：

图 2-16　“成长存折”

除了这些基本信息，还有一个有意思的部分，叫作“少儿宣言”。“少儿宣言”上写着：“我宣誓：从今天开始，我保证将以实际行动争取每一分，我要努力，在付出中得到幸福，实现自己的梦想！”最后落款是宣誓人的姓名。

“成长存折”既是信息展示，又增强了仪式感，这是对学生的一种促进。

下面介绍第二种形式——积分光荣榜。

积分光荣榜主要展现学校当前总积分排名前十名的同学，包含照片、介绍，建议把光荣榜挂在前台的墙壁上。

如果配上照片，就能让学生感受到积分带来的荣誉感，效果会更好。当然，这只是建议，学校可以根据实际情况修改具体内容。

下面介绍积分管理的第二个维度——管理的形式。

先说第一种，“校分”类。“校分”类有如下四种管理形式：

第一，可以安排班级的小组长，由他来记录该小组各学生的加减分情况，这样会让老师的管理工作更轻松。

第二，每天课程结束前，可以抽出3～5分钟由老师分发班级的“成长存折”。

第三，小组长在组员的监督下，对该组学生的“成长存折”进行加减分，并填写好小组的汇总表。

第四，小组长收起“成长存折”，填写好后交给班长，由班长汇总后交给老师。

这样，“校分”就能让学生在每一个节日、每一次上下课、每一个上课周期，看到自己“成长存折”中分数的增长情况。

第二种，“家分”类。

家长通过照片或小视频的形式，将学生好的表现发送到家长群，每周不超过三次。老师每周汇总一次，收集视频或图片，记录相关学生的加分，再交给班长或学习委员，做好每个“成长存折”的加分。

这样，就可以借由“成长存折”将学生的分数清晰地展现出来。

关键词四：奖励兑换

这里主要介绍“校分”和“家分”如何兑换。

图 2-17 所示为朗培学校积分兑换礼品表。

编号	分类	产品名称	产品功效	兑换积分
1	孝敬长辈	妈妈的保温杯	强烈推荐♡♡♡♡♡	
2	孝敬长辈	爸爸的围巾	强烈推荐♡♡♡♡♡	
3	孝敬长辈	奶奶的洗脚盆	强烈推荐♡♡♡♡♡	
4	孝敬长辈	爷爷的按摩仪	强烈推荐♡♡♡♡♡	
5	任性一次	免作业卡一张	任性一次（1学期限用1次）	
6	亲子	家庭电影票	我请爸爸妈妈看电影	
7	亲子	亲子教育课堂门票	强烈推荐♡♡♡♡♡	
8	体验	士兵人偶模型套装	了解军事常识	
9	体验	抓娃娃币	手眼协调能力	
10	DIY风车	风车	培养动手能力	
11	绘画	DIY手绘彩蛋	培养绘画爱好	
12	桌游	小福尔摩斯	锻炼孩子的记忆力、专注力、反应力	
13	桌游	记忆棋	锻炼记忆力和判断能力	
14	桌游	小捣蛋猫拆墙游戏	锻炼孩子的耐心和注意力	
15	桌游	添奇丝绸之路	增强孩子的社交能力与自主思考能力	
16	折纸	熊出没，幼儿小手工	提高孩子动手动脑能力	
17	折纸	幼儿剪纸手工	提高分辨能力、认知能力、想象力	
18	折纸	折纸大全	提高孩子动手动脑能力	
19	立体书	儿童立体书	激发探索能力	
20	DIY手链	DIY手工制作手链	培养耐心、细心和爱的能力	
21	立体书	立体手工	培养孩子手、眼、脑能力	
22	剪纸	儿童手工坊	激发观察力及想象力	
23	剪纸	纸魔方	激发创造力	
24	拼图	雪花片儿童拼插积木	发展想象力、创造力	
25	拼图	开心农场	常识教育	

图 2-17　朗培学校积分兑换礼品表

图 2-17 中有 25 个编号，第一个分类是孝敬长辈类，对应产品是妈妈的保温杯；第二个分类也是孝敬长辈类，对应的产品是爸爸的围巾……这些奖品有亲子类、绘画类、桌游类、折纸类、剪纸类、拼图类等，它们当中很多不单是奖品，还被赋予了“想法”：不是

为了学生自己，而是为了长辈。

这样一个积分兑换礼品表，大家可以自行设置，变成自己学校的“校分”兑换礼品表。

这里要特别注意的是，所有奖品都是学生获得一定分数后可以累计享受的。例如，学生的积分达到 500 分可以换保温杯，换完保温杯之后，这 500 分依然存在。之后继续从 500 分开始加分，一直加到 1000 分，他就可以换爸爸的围巾了。等换完爸爸的围巾，这 1000 分依然存在，继续从 1000 分往上加分等。

这样一直累加，不清零，不作废，学生可以获得礼品表上的全部礼品。

这就是“校分”的奖励兑换机制。

朗培“家分”礼品兑换表，如图 2-18 所示。

编号	产品名称	推荐指数	兑换积分
1	全国精英少年课程	强烈推荐 ♡♡♡♡♡	
2	免费学习一个月	强烈推荐 ♡♡♡♡♡	
3	音乐会门票	强烈推荐 ♡♡♡♡♡	
4	海底世界门票	强烈推荐 ♡♡♡♡♡	
5	迪士尼门票	强烈推荐 ♡♡♡♡♡	
6	冬令营、夏令营资格	强烈推荐 ♡♡♡♡♡	
7	国内旅游	强烈推荐 ♡♡♡♡♡	
8	国外旅游	强烈推荐 ♡♡♡♡♡	
9	国外游学机会	强烈推荐 ♡♡♡♡♡	

图 2-18　朗培“家分”礼品兑换表

大家要特别注意“家分”兑换完之后，分数就要清零。例如达到 2000 分就可以换全国精英少年课程，当孩子达到 2000 分兑换了这个课程以后，就要把这 2000 分扣除。再从 0 分开始累加，当累加到 3000 分，就可以获得奖品“免费学习一个月”，以此类推。

三、“积分课堂”战术效果的三个层面

介绍完了礼品兑换，四个关键词就全部讲完了。作为一种积分管理，战术效果有如下三个层面：

第一，参与感。这样的积分管理机制能让学生每天不管是在家还是在学校，都能记着自己的分数，从而对学校有更加深刻的印象。

第二，互动感。这样的互动简单、有趣，能让家长关注学生在家里的表现，也让老师关注学生在学校里的表现。而“校分”和“家分”两种不同的分数也满足了学生“快一点换到奖品”及“换一个好一点的奖品”这两种不同的需求。由此，学生和学校、家长、老师之间的互动就进一步加强了。

第三，树口碑。当学生换到礼物的时候，当妈妈在微信群里为学生申请加分的时候，都为学校树立了口碑。

积分管理课堂的核心是一个学生两种分——“家分”和“校分”，这两种分满足了两种不同的需求。最重要的是“成长存折”让学生能够每天、每周都关注自己积分的变化。

“家分”和“校分”是一种创新，校长可以借此带领老师开展更有趣、更好玩的“专属课堂”，带着学生一起玩转家校积分，同时也在课堂管理中大获全胜。

叁

落地招生篇

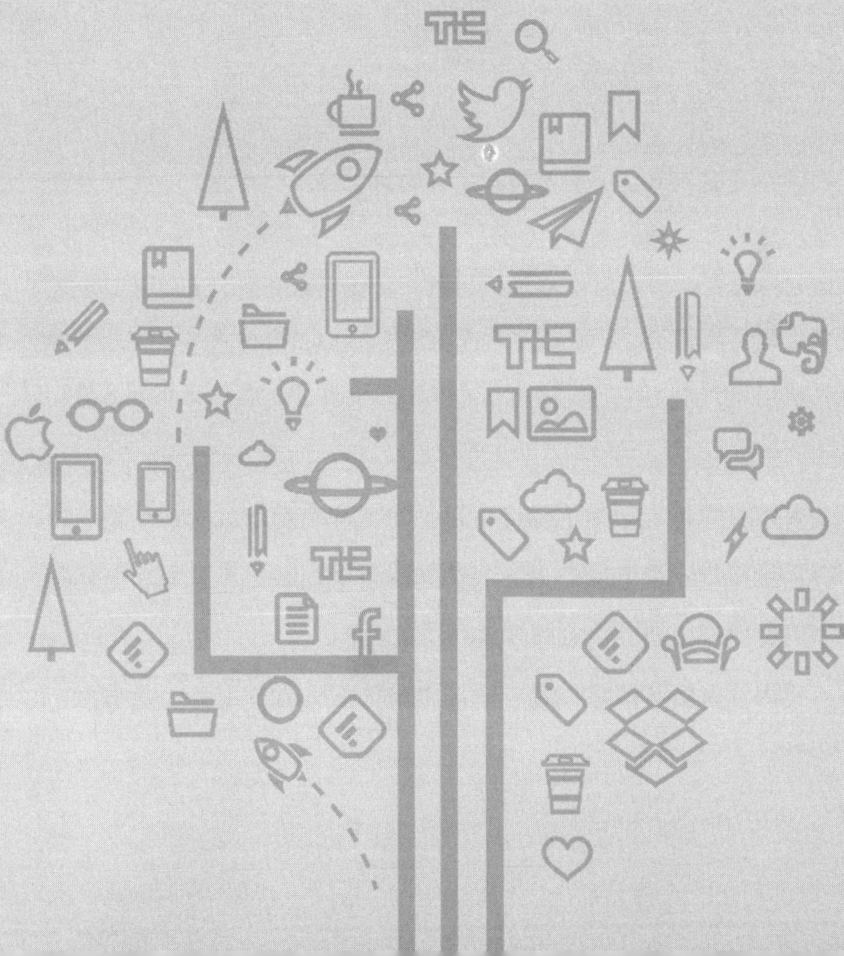

3.1 竞争对手打价格战，校长应该如何应对

有一天我在办公室工作的时候，接到了一个“求救”电话，这是来自天津的蔡老师打来的。他说：“刘老师，我做的是小童星的产品，一直以来在天津当地的口碑都很不错，收费也比较高。可是最近就在我们新校区的隔壁，一家竞争对手做了和我们相同的产品，但收费却只有我们的一半，他们已经抢走了我们的一部分生源。我该怎么办，要不要降价？”

要不要降价？如果不降价，自己的客户数量就会受到严重的影响；如果降价，本身的利润空间已经很少了，降价无疑会让学校陷入困境。那么，到底该不该降价呢？

我们首先要了解在市场、商场中为什么会有价格战。几年前，

教育培训行业市场还是一片空白，最早加入民办培训学校行列的那群人，取得了很好的业绩，周围的人就会进行模仿。越来越多的人进行模仿，就产生了同质化现象。随着同质化现象的增强，也就出现了价格战。

我们可以通过一个公式来了解价格战：

业绩=价格×销量

很多人为了提升自己学校的业绩，想到降价这个策略。他们认为降价会带来销量的增加，从而带动业绩的增长，但其实这只是一种理想状态。

我们不妨来看一下这个公式，业绩等于价格乘以销量。价格下降将会有两种结果，第一种结果就是销量没有变化，我们可以得出如下结论：业绩会因为价格下降、销量没有增长而严重下滑，现金流会出现问题，学校就会难以经营。

当然，很多校长存有侥幸心理，认为价格下降可以带来销量增加。但是价格下降、销量增加，业绩就一定会增长吗？其实价格下降对业绩的影响不大。因为销量增加了，学生人数增加了，员工数量就要增加。人多了，学校需要的面积就更大，房租、服务成本、管理成本都会增加。虽然业绩没变，但成本却快速增加，所以价格战无法让学校做大做强，更不可能让学校持久地存活下去。

在西方的管理经营哲学中有一个魔咒，叫作降价必死。为什么呢？大家记住：降价等于“杀自己”和“杀客户”。

第一，降价等于“杀自己”。降价容易、涨价难，降价也许能够带来一小部分客户数量的增加，却无法带动业绩的增长，反而会增加运营成本。

第二，降价还等于“杀客户”。销量增加了，客户数量增加了，但教学质量和服务质量跟不上，客户享受不到好的服务，学校自然也就没有好的口碑。降价等于“杀自己”加“杀客户”，是一个“双杀”行为。那么我们该如何应对价格战呢？当竞争对手降价以后，我们该如何应对呢？

大家都知道世界上铺货面最广的饮料是可口可乐。在中国，我们在任何一家超市、商场都可以买到可口可乐。尽管可口可乐在全球的铺货面很广，但是依然有很多人从来没有喝过可口可乐。不过，可口可乐本来也只是满足一小部分客户就可以了。通过这样一个案例，我们可以看出，企业不能满足所有的客户。学校也是如此，我们不要妄想可以满足所有的客户，能够满足小部分客户就已经很好了。

首先我们必须准确定位，才能从容地应对降价，应对市场中的价格战。那么如何定位呢？这里利用一个定位金字塔模型来介绍，如图 3-1 所示。客户分为三种类别：高端客户、中端客户和低端客户。我们的学校到底是要面对高端、中端还是低端客户？这一点必须要明确，因为高端客户和中低端客户的期望值是不一样的。

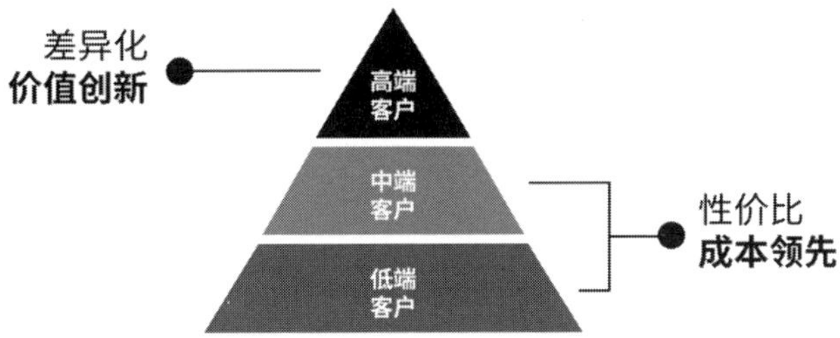

图 3-1　定位金字塔模型

接下来，我们来了解高端客户需要什么，中低端客户又需要什么。高端客户想要的是价值创新。就拿一碗牛肉面来说，高端客户更想知道这碗牛肉面背后的故事是什么，它有什么样的营销价值，它的制作环境如何，煮这碗面的水是从哪里来的，肉的口感怎样、面的口感如何——高端客户更愿意接受的是牛肉面背后的价值理念和创新。只要能够说服他，不管牛肉面的定价是 68 元、98 元还是 988 元，高端客户都能接受。但是对于中低端客户来说，他们追求的不是价值创新，而是性价比，在企业中叫作成本领先。同一碗牛肉面，中低端客户看重的不是牛肉面背后的故事和这个餐馆的环境，他们更在意这碗面的牛肉多不多、牛肉好不好吃、口味如何，这是中低端客户的需求。你的学校是要专注于高端客户的价值创新，还是中低端客户的性价比呢？相信有的校长会说："我先在创业初期进入中低端客户市场，当我生存下来后，就进军高端客户市场。"这个做法并不可行。因为这两者只能选其一，不能交叉，选了高端客户就不能选中低端客户，选了价值创新就不能选成本领先。为了让校长能够更好地理解什么是价值创新、什么是成本领先，接下来我将继续深入分析。

什么是价值创新？价值创新就是差异化。别人卖面，我卖故事；别人卖牛肉，我卖的是牛肉中最精华的部分，这就是差异化。海底捞是所有火锅中价格相对比较高的品牌，因为它走的就是创新路线。在顾客等位置的时候，它会为顾客提供增值服务。再来说说全国知名的海鲜店，叫作水货。水货走的是差异化路线，它没有提供刀叉筷子，只有一张桌子。桌子上有一块非常干净的桌布，把海鲜用清水煮过之后，直接倒在桌子上，顾客戴上手套就可以吃了。没有提供任何餐具，这就是差异化。比竞争对手更好很难，但是与对手不同却可以很容易做到，这就是价值创新。

成本领先就是性价比。性价比要高，这就是成本领先战略。要想让性价比变高，就必须尽可能降低成本。在这里和大家分享一个案例。

美国西南航空公司在美国所有的航空公司中是机票最便宜的一家，别的航空公司的机票卖 1000 美元的时候，它只卖 600 美元。很多航空公司和西南航空公司打价格战，最后的结果就是倒闭破产，为什么？因为西南航空公司实施的就是成本领先战略，它追求的是性价比，由此无限地降低成本。例如飞机在地面周转的时间，其他航空公司是 65 分钟，而西南航空公司却压缩到了 15 分钟，所以其他航空公司一天只能运行 8 小时，而西南航空公司可以运行 11 小时。其他航空公司平均一架飞机的空勤服务人员是 15 人，而西南航空可以压缩到 6 人。其他航空公司每个员工全年服务 730 人，而西南航空公司的每个员工全年可以服务 2443 人，工资保持在 20 万美元左右。每英里的成本，其他航空公司是 11 美分，而西南航空公司却是 7.1 美分。所以别人卖 1000 美元的机票，它只卖 600 美元。

这就是成本领先战略。商战中没有价格战，只有成本领先战略，如果你的竞争对手用的是成本领先战略，你还和他打价格战，那么只有死路一条。

我们不妨先了解对手的战略，再思考自己的战略。如果你的战略是价值创新，而竞争对手的战略是成本领先，那么根本不需要和竞争对手进行价格战，你只需要做差异化就可以了。如果竞争对手的战略是价值创新，你的战略也是价值创新，也不要和他打价格战。因为你的对手支撑不了太久，他用的不是成本领先战略，打价格战只有死路一条。你要做的就是差异化，给客户更好的体验、更多的价值和服务，只有这样才能顺利打赢这场没有硝烟的战争。

那么，如何判断我们到底该用成本领先战略还是用价值创新战略呢？我们到底该如何让学校真正实施价值创新或成本领先战略呢？接下来介绍实施的方法，叫作定位分析“三元法则”，如图 3-2 所示。定位分析“三元法则”通过三个维度分析用户、对手及自身。首先要分析的是用户痛点，紧接着分析对手弱点，最后分析自身优点。这样能从中找到着力点，进而决定是用成本领先战略还是用价值创新战略。

图 3-2　定位分析“三元法则”

接下来看一个关于价值创新战略的案例。

我们通过调查发现，家长的痛点是害怕换老师，好不容易为学生选择了一个优秀的老师，结果这个老师却离职了，换了新老师后，家长又不满意。所以当我们找到了家长的痛点，就找到了价值创新的战略，我们完全可以和老师签三年的劳动协议，或者通过全员持股这样的战略让老师更加稳定。来自南京的人人教育机构和老师签的劳动协议就是第一年年薪 8 万元，第二年年薪 10 万元，第三年年薪 12 万元。合同一签签三年，三年内老师不能随便离职，这样增强了老师的稳定性，解决了家长的痛点。发现家长的痛点，校长就可以找到价值创新的战略。再如，我们通过对竞争对手的调查发现，竞争对手不重视服务，于是我们找到了第二条价值创新的战略：为学生制作精美的成长手册，让家长感受到细致的服务。学校把学生的每一次成长和点点滴滴的进步，都写进成长手册。在学生结业的时候，学校把一个完整的成长手册交到家长手中，让他们感受到细致的服务。价值创新战略分析如图 3-3 所示。

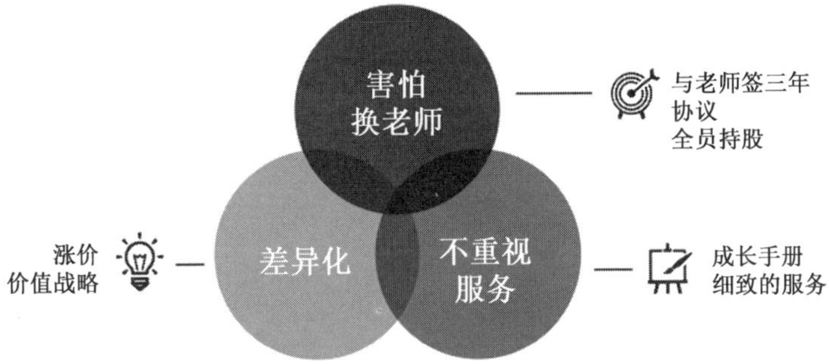

图 3-3　价值创新战略分析

我们的优势是做差异化的教学，于是就有了价值创新的第三条战略：我们通过涨价不停地挖掘我们的价值。有了定位分析“三元法则”之后，不管是客户的痛点、竞争对手的弱点，还是学校自身的优点，都可以变成价值创新的战略，这就是价值创新的一条全新的路径。价值创新其实就是无限地挖掘产品的价值，锁定高端用户，做到差异化教学。别的教育机构教英语，但是我们教的英语和他们不一样，是有差异的。我们的教学是双师课堂，直接对接国外优秀的资源。别的教育机构教数学、教奥数，我们也教数学、教奥数，但我们用视频教学、用 Flash 教学。**所以，价值创新，就是无限地挖掘产品的价值，锁定高端客户，做差异化教学**。

对于成本领先战略，我们也可以通过定位分析“三元法则”进行深入的探讨和分析，如图 3-4 所示。很多家长想要给学生报好的辅导班，但是因为价格太高负担不起，我们就可以通过负担不起高价这样的客户痛点寻找成本领先战略。通过分析，我们发现很多竞争对手在商场中开设辅导班，成本很高，房租贵，装修豪华，他们无法降低价格。再比如，我们的优势是有教学质量保障，我们分析完定位分析“三元法则”，自然就得到了成本领先战略。第一，降低成本；第二，制定令客户满意的定价；第三，提供签约保障，如果学生学习后没有效果，学校将全额退费。学校可以建设300～500平方米的小学校，降低成本，同时要选择单一的课程，减少老师的人数。这样把成本降到最低之后，学校就可以给出令客户满意的定价了，例如原价为990元的课程，我们可以降价为480元；原价为1900元的课程，我们可以降价为 990 元。但我们依然可以盈利，因为我们采用了成本领先战略。利用成本领先战略，我们可以做小而美的学校。

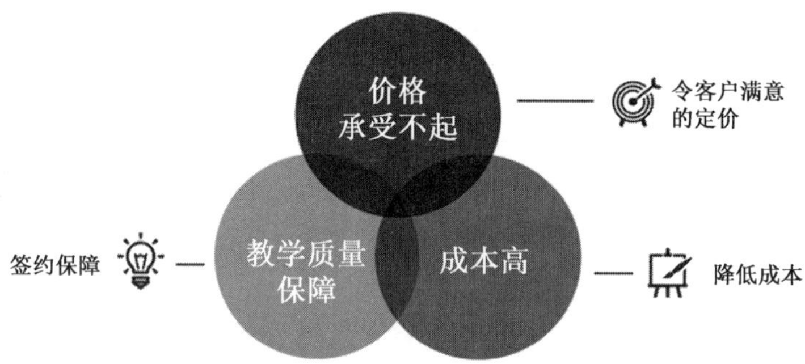

图 3-4　成本领先战略分析

校长要做差异化教学，利用差异化制定对抗价格战的战略，让学生有去国外游学的机会，提高价值。通过差异化的运作，学校才能打赢这场没有硝烟的价格战。

最后，我们回顾一下本节的内容。面对价格战，学校到底该怎么做？如果学校面对的是高端客户，那么没有必要在意价格战，只需要涨价、做差异化教学、进行价值创新。如果学校面对的是中低端客户，那么就要将成本降到最低，做小而美的学校。当成本降到最低时，学校就有了定价权。所以，想要做到区域第一，学校要降低成本，坚持做差异化教学，坚持价值创新。

3.2 如何在班级实施“零流失”计划

众所周知，续费率是学校的“生命线”，可很少有学校能够达到续费率 80%这个最基本的标准。

先来看一个公式：流量×转化率×客单价=营业额。在招生流量本来就不高、客单价竞争也相对激烈的市场状态下，提高转化率或续费率是当务之急。

2017 年年底，一位导师在给宁波的吴校长做落地指导时，校长告诉他，9 月开业的时候，学校用招生引流的方式一下招了 300 多人，可是体验课一结束，最后只有百分之十几的续费率。于是导师就帮他做了一个寒假引流的招生方案，紧接着替他梳理了续费营销的流程和策略，最后，续费率终于从百分之十几提高到 75%。

续费率增长的背后是利润的增加,续费率就是学校的“生命线”。续费率是学校口碑的有力证明，也是衡量学校教学质量的重要标准，更是学校现金流最有力的保障。所以，维护和提升这条“生命线”，就变得尤为重要。

我们不妨来计算一下。常规的学校一年有四个学期，假设招生团队和老师每学期新招来的人数是 100 人，那么学校每年能收到多少学费？如果按每学期 30%的续费率来算，第一学期为 100×30%=30（人），即有 30 人续费；第二学期新招来 100 人，加上上学期留下来的 30 人，共有 130 人续费，130×30%=39（人），即有 39 人续费；以此类推，第三学期为 139×30%≈42（人），即有 42 人续费；第四学期为 142×30%≈43（人），即有 43 人续费，相加以后，全年靠续费可以收到 154 人的学费。

按照每学期 50%的续费率来计算，第一学期有 100×50%=50（人），即有 50 人续费；第二学期新招来 100 人，加上第一学期留下来的 50 人，一共有 150 人，150×50%=75（人），续费人数为 75 人；以此类推，第三学期为 175×50%≈88（人），即有 88 人续费，第四学期为 188×50%=94（人），即有 94 人续费，相加以后得到全年的续费人数为 307 人。这样，续费率为 30%的时候只有 154 人续费，续费率为 50%时，续费人数由 154 人提升到了 307 人。按 70%的续费率来算，续费人数是 519 人。

通过上面的计算我们可以看出，在招生人数保持不变的情况下，学校唯有提高续费率，才能快速提升在校学生数量，使学校的利润收益最大化。

学校每个月都有很多固定的支出，不管业绩怎样，每个月的支出是固定的，如房租、水电费、工资、宣传费等。另外，要实现每学期新招 100 人的目标，是不是还要配备市场团队？是否必须做活动？品宣物资、提成和奖金等也都是固定开支成本。如果在这些固定开支不变的情况下，续费率却上不去，那么学校一定会陷入这样一个恶性循环：虽然学校一直在招生，但生源依然不足。

另外，即使一个学校的市场团队再强大，如果不能留住学生，学生人数就永远是一个大漏洞。学校无法实现学生人数的快速增长，也就不能正常发展，投资自然也不能快速收回。更何况，市场团队强大的背后，依然要有大量的成本作为依托和支撑。所以，学校只有最大限度地提升续费率，学生人数才能稳定，才能实现利润最大化。

因此，校长要记住这句话：**教学为本，营销为王**。虽然笔者认为营销为王，但是学校的教学质量更加重要，这是学校发展的基础。

我们接下来介绍营销，营销基于人心和人性，但商业的本质是客户获益。想做营销，我们首先要认识到教育与其他行业有一个很大的区别：客户是家长，使用者是学生，家长和学生的需求是不一样的。所以，我们要想做好续班工作，必须充分分析客户，分析家长和学生之间的需求差异。只有这样，才能做好续班工作。

我们接下来从两个维度分析客户，介绍如何才能实现学生零流失。有两个方向，一个是家长，另一个是学生。

有这样一个故事。2016 年美国大选，大家都知道最后是特朗普当选。当他当选的时候，全世界的媒体一片哗然，因为大多数人都不看好特朗普，但是最后他却当选了。

原因是什么？有这样一个说法：生活在美国的华人影响了大选的走向。在美国的华人以前从来不关心政治，也几乎不参加美国大选。

可是这次与特朗普竞争的希拉里，她提倡的政策会严重影响华人的学生在美国读书的机会，这明显触碰了家长的底线。中国家长都有一颗望子成龙、望女成凤的心，很多中国人去美国都是冲着教育去的。可是一旦希拉里当选，华人的孩子考名校的比例会因为政策的变化而下降到百分之十几，所有华人家长都无法接受。这些美国的华人纷纷走进了投票站，影响了美国的大选结果。一个知名机构做过的一项调查显示：一个中国家庭的家长愿意为孩子的教育付出的费用，平均占了整个家庭收入的 1/3。

所以要想做好续班，我们首先要解决家长的问题。家长把学生送到学校，是带着对他未来的美好期许的。如果家长不认可学校，肯定不会续班。

学生的成绩有提升、学生的成长与进步是家长愿意看到的，但是影响成绩的因素太多了。

单从文化课来说，我们做个简单的比喻：这次考试的题目简单，是不是所有学生的分数都会上涨？如果题目很难，是不是所有学生的分数都会下降？如果单去看分数，家长无法判断学生在学校到底学到了什么，进步又如何。**因此，我们需要引导家长用正确的方式去看待学生的进步和变化，这也是第一步。学生是否有进步，看分数是没有意义的。用排名去看待学生的进步，才有真实性。**

对于艺术类学校，如音乐、舞蹈、美术类学校，学生在短时间内很难有太大的进步。但是，家长送学生学习舞蹈、音乐，一定要把他培养成艺术家吗？当然不是。家长只是希望通过舞蹈、音乐等课程对他产生潜移默化的影响，让他健康快乐地成长。所以，我们不要一味地强调专业性。我们要学会换位思考，理解家长内心真实的诉求。也许家长想看到学生注意力更加集中、更有自信、更有勇气，我们可以引导家长发现学生在这些方面的改变，让家长体会到学校的用心和学生的成长。

关于改变的第二个应用，就是学习效果对比法。例如，作文学校短期班的学生在第一次写作文时，可能写得不好。我们可以把学生第一次写的作文收上来存档，然后通过一学期的学习，学生写作的水平会不断提升。学校可以在家长会前挑选一篇质量较高的作文，让学生工整地誊抄在新的作文本上。在结业时的家长会上，把学生第一次写的作文和这个对比，相信家长一定可以看到他的孩子这学期的进步。

不同的项目怎样去做对比呢？

2017 年我们在广州线下上课的时候，有一位做小学奥数学校的校长，他的课程对比方式很有意思。他在家长报名时要求家长第一次课和最后一次课必须陪学生一起上课。

第一次课，家长和学生一起上课，老师出一道难题，家长不会做，学生也不会做。最后一次课，家长又与学生一起上课，老师继续出难题，家长不会做，学生却会做了。

当然，这个案例只是抛砖引玉，相信各位校长一定可以想出更多类似的方法，从而最大限度地提高续费率。

接下来我们介绍教学过程透明化，这是续费过程中非常重要的一点。即使做好了教学工作，也没办法确保学生的成绩一定会提升。但家长的关注点是以结果为导向的，他看不到学生的进步，家长就不会续班。所以，将教学透明化，让家长参与进来，才能真正提升续费率。

大家有没有想过这样一个问题：为什么妈妈们都喜欢在朋友圈晒娃？原因很简单，因为妈妈参与了孩子抚养的全过程。这个原理叫作鸡蛋理论，也被很多管理学家叫作宜家理论。在 20 世纪 50 年代，某家食品公司发现他们的蛋糕粉一直卖得不好，研发人员对配方不断改进，可客户就是不买账。这个问题难倒了当时市面上几乎所有的食品公司。最终，美国的心理学家欧内斯特发现蛋糕粉滞销的真正原因并不是配方不好，而是配方太齐全，家庭主妇们因此失去了亲手制作的乐趣。

于是欧内斯特就提出把蛋糕粉中的蛋黄去掉，这个想法被称作鸡蛋理论。虽然这样做增加了蛋糕的烘焙难度，但家庭主妇们认为，这样才算是她们亲手做的蛋糕。所以蛋糕粉的销量因为一个小小的改变而快速增加。

鸡蛋理论就是源于客户的一种行为特征。客户对于一个物品或事情，付出的劳动或情感越多，产生的依赖也就越强。

其实，公办学校的这种现象也非常明显，难道校长没有发现公办学校的老师最喜欢给家长布置任务吗？其实给学生布置作业，就是给家长布置作业，有时这些作业让家长感到为难。可也正是因为家长的不断付出，家长才认为公办学校的老师很负责。反过来想想，学生被送到我们的学校，我们把所有的事情都包揽了，家长做甩手掌柜，没有付出，他们自然也就很难认可学校。

这里给大家介绍一个方法，叫作家长助教。我们在学生报名的第一时间告诉家长，学校设有家长助教制度，每一次课要有 1～2 名家长陪学生同堂听课，同时做老师的助教，每位家长每学期至少参加一次。也许家长会有些犹豫，但至少让他感受到学校的课堂教学质量可以保证，教学过程可以让家长参与进来。除此之外，家长助教制度让家长参与到教学中，家长通过付出劳动，体会老师上课的艰辛，家长的满意度也会大幅度提高，续费率也就提高了。如何实施家长助教制度？

这里有几个注意事项需要特别关注。

第一，塑造好家长助教制度的价值与意义。

让家长参与进来做助教时，学校一定要给家长提供助教职责表，让家长帮老师收作业、批改作业。在课间，家长要协助老师保证学生的安全，在课堂上，家长要协助老师维护课堂纪律，保证课堂质量。

第二，导入学生的评分制度。

开展最美家长助教评选活动，让家长有荣誉感、责任心。学校要给家长颁发助教证书，并合影留念，再把这张照片发给家长。

第三，做任何事情一定要有仪式感。

老师在课堂上给所有学生介绍今天的助教老师是哪个学生的妈妈或爸爸，并给家长佩戴助教袖章。

解决了家长的忠诚度、认可度及参与度方面的问题就等于解决一切问题了吗？学校可能经常遇到这种情况：学生的成绩提升了，进步很快，可家长依然不会续费。如果你是家长，给学生报了钢琴班，不管你的初衷是培养他的音乐“细胞”还是发展他的特长，还是培养学生的专注力，家长是不是希望他能够坚持？学校是不是也希望学生能坚持学、学到真本事？

由此可见，家长和学校的想法一致。学生不接着上课，是因为家长对学校不认可，对学校缺乏信任或不满意。家长助教制度让家长共同参与，从而培养家长对学校的认可度和信任感。解决了家长的问题，现在就来看看如何解决学生的问题。

学习是过程，而成绩是结果。对学生来说，究竟是学习过程重要，还是学习结果重要？可能家长更关注结果，而学生更在意过程。例如老师教学过程是否有趣，班级氛围是否和谐，同学之间是否有爱，能否得到老师的尊重和认可，能否及时得到老师的鼓励，这些都会影响学生的学习兴趣。如果学生不愿意来上课，家长再勉强也没用。

解决学生的问题要从以下两个方面入手：

第一，以教学为核心，打造完美的课程体验。

中小学教育都是义务教育，是免费的，家长花钱来培训学校，是不是要物有所值？如果我们的教学水平没有超过公立学校，家长自然不会埋单。同时，学生对老师的教学要求很高，爱学习的学生占少数，迫于家长威严的占多数。学生希望有良好的学习氛围和环境。那么，学校如何让学生快乐地学习？课程一定要生动有趣，老师要和蔼可亲、能及时给予学生肯定和鼓励。培训学校必须比公立学校做得更好，才能让学生、家长信服。

第二，让学生快速融入集体，培养他的归属感和荣誉感。

教学是学校的根本，但只有教学是远远不够的。学校还必须通过优秀的班级管理制度，来营造良好的文化氛围。一个班的学生来自多个学校的不同班级，让学生在一个陌生的环境中快速打开心扉、融入集体就变得尤为重要。接下来，讲三个让学生快速融入集体、并找到成就感的方法。

第一种方法：开班仪式。开班仪式学校一定要邀请家长参与。由老师致辞，宣讲班级文化，导入拥抱文化，让现场的人都相互拥抱——人与人之间快速融入的最好方式就是身体接触。在老师的引导下，让学生快速融入集体。参与拥抱活动的每个人都敞开心扉，才能达到最好的效果。

第二种方法：班级归属感的打造。老师先送给每个学生一张带有全班签名的合影照，再专门洗出一张大合影，用相框裱起来挂在教室中，让所有的学生对教室、对这个学校都有归属感。还要组建班级团队，让学生认同班级文化，班级文化包括班名、口号、班歌等。

如果把班级团队建设做好，班级的凝聚力就会很强。同时，班级的荣誉制度也需要建立，如班干部制度。公立学校的每个班的班干部都是有限的，很多学生当上一个小组长就会高兴好几天。民办学校建立班干部制度，让在公立学校当不上班干部的学生有一个奋斗的梦想。通过这种班级荣誉感的塑造，让学生有所担当、有责任感，有荣誉感。

第三种方法：建立学校义工荣誉榜。不是每个学生都有机会担任班干部，所以，应建立学校义工荣誉榜，通过荣誉榜满足学生的荣誉感，让学生能够直观地看见自己的排名，进而促进学生积极进取。每个班级都可以建立一个义工荣誉榜，只有表现优秀的学生才能参加义工 PK，从而培养学生的责任感与荣誉感。

义工制度建立起来后不能形同虚设。学校应该落实义工制度，给学生找事情做，实实在在地体现学生的价值。学生付出后得到荣誉，他们才会珍惜。

学校人手不够，该怎么办？让学生来做义工。记得有一个学生叫彭佳乐，他的学习成绩很好，还是班长。有一天，他负责前台接待咨询，一个家长带着学生来学校咨询，家长一看前台是个小学生，有些不高兴。彭佳乐说："我在学校是年级第十名，班级第一名，我就是在这个培训学校学习的，您还有什么不放心的呢？"这时，那个学生悄悄跟家长说，这是我们班长，他的成绩很好。家长二话不说立马报了名。所以，义工制度不仅解决了学生的荣誉问题，更是让口碑营销立体化。

3.3 口碑营销如何让转介绍爆发

随着刷抖音的人越来越多，也催生了众多的网红店、网红歌曲、网红等。笔者看了一篇题为《抖音会不会成为下一个营销的场所？》的文章，也许许多校长也在思考我们的学校是否也能打造成网红学校呢？在得出结论前，我们先通过抖音上比较火的五个网红店案例来了解一下网红店具有哪些特点。

第一家网红店是名叫“答案”的奶茶店。这家店售卖的奶茶号称会占卜，无论你心情如何，想问任何问题，这杯奶茶都会给你答案。无论是真是假，相信顾客也想去一探究竟。

第二家网红店是来自土耳其的冰激凌店。这家店在抖音上火的原因在于，服务员将冰激凌递给顾客时，会展示一些小魔术，与顾客进行互动，极大地激发了顾客的好奇心。

第三家网红店是西安的“永兴坊”。摔碗酒是这家店的特色，顾客喝完酒以后把酒碗摔碎在一个角落里，寓意是岁岁平安，这让永兴坊的摔碗酒在抖音上火了。据不完全统计，这家店的粉丝已经达到了120万人，甚至很多外地的顾客千里迢迢赶到西安，就是为了品尝摔碗酒。

第四家网红店是成都的玉林小酒馆。这家酒馆因为歌曲《成都》里的一句歌词“走在玉林路的尽头，坐在小酒馆的门口”而被大家记住。

第五家网红店同样是成都的，店名为“黄龙溪一根面”。在这家店的门口，拉面师傅边拉面条边跳舞，搞笑有趣，以此吸引顾客。很多人将拉面师傅的动作拍成视频发布到抖音上，于是这家店就火了。

不难发现，这几家网红店有以下几个共同特点：

第一，忽略了产品本身的价值和口味。奶茶、冰激凌、酒、面条，这些产品本身的价值和口味已经被顾客忽略。

第二，拥有独特点。会占卜的奶茶、为顾客递冰激凌前的魔术表演、跳舞的拉面师傅，这些销售卖点新鲜有趣，让人印象深刻。

第三，满足人们的猎奇心理。

第四，满足人们好玩的天性，从而促进传播。

这四个共同点恰恰就是做学校口碑营销的核心。如何利用口碑营销玩转教培业的转介绍呢？我们先了解一下转介绍的五大类别：

第一种，口碑转介绍。它更多的是凭借教学效果来口口相传。

第二种，奖励转介绍，在给予一定奖励的情况下让老客户转介绍新客户。例如，老客户转介绍一个新客户，可以获得 200 元的代金券。再如，老客户转介绍一个新客户，可以获得一个类似电饭煲这样的奖品，利用奖励让老客户为我们做转介绍。

第三种，捆绑转介绍。例如，三人同行一人免单、十人同行八折优惠等。如果客户想获得优惠，需要把身边的朋友带来一起报名。

口碑转介绍、奖励转介绍一般用于老客户，而捆绑转介绍往往用于新客户。

第四种，造势转介绍。它具有网红店的特点，通过一种独特的卖点或者好玩有趣的设计，让新老客户甚至陌生人路过学校时，能够被新颖、有趣的产品吸引，从而主动为学校和产品进行宣传推广。

造势转介绍借力网红店的特点，让新老客户甚至陌生客户为我们主动、自发地做推广。

第五种，平台转介绍，借助推广平台，推广学校品牌。很多机构设有专职网络推手专为当地的美食店、奶茶店、鲜花店、烧烤店等在线上做推广，收费不高，效果却往往出人意料。

综合以上五种转介绍的方法，我们得出结论：口碑转介绍必须结合其余四种转介绍中的某一种或多种才有效果。

一般情况下，学校的口碑转介绍凭借的是优良的教学质量。这种转介绍虽然好，但见效慢。下面详细分析五种转介绍模式的优劣势，如图 3-5 所示。

类别	优势	劣势
口碑转介绍	持久、长久	见效慢、速度慢
奖励转介绍	简单、直接	范围小、成本高
捆绑转介绍	报名裂变	操作有难度
造势转介绍	传播迅速	不聚焦
平台转介绍	聚焦、省心	效果难评估

图 3-5　五种转介绍模式的优劣势分析

第一类，口碑转介绍。它是基于学校的教学质量和服务质量的，是当学生在学校有了进步，家长满意了以后的一种自主自发的转介绍。优势是持久，但由于这是家长在看到效果以后才进行的转介绍，所以见效慢、速度慢。

第二类，奖励转介绍。奖励转介绍的优势是简单直接，家长转介绍一个学生，学校就会返给家长一定数量的现金、奖品或代金券。它的劣势是范围小、成本高。奖励转介绍只能运于老客户，适用范围非常小，而直接为家长提供奖品、代金券、现金的成本又比较高。

第三类，捆绑转介绍。它的优势是可以让报名裂变，如果有一个家长想要报名，有可能他就会联合 3～5 个人一起来报名，这样就实现了报名的裂变，劣势是操作起来有难度。其原因在于不是每一个家长都会带身边的朋友来一起报名。有的家长为了享受学校的优惠政策，特意在学校门口等其他想要报名的家长一起报名，这就是为了优惠而钻了学校的空子。

第四类，造势转介绍。它的优势是在线上传播非常迅速，而且可以形成一种病毒式的营销。它的劣势是客户群体不聚焦，有效客户较少。

第五类，平台转介绍。平台转介绍的优势是聚焦、省心。有人专门帮我们做转介绍，而且我们可以指定想要推广的区域、范围和人群。例如，做早教的培训机构推广人可以进入早教家长群；目标为小学的培训机构推广人，就进入小学的家长群，由中介平台公司帮我们做聚焦式推广。有平台公司代为推广，学校更加省心。平台转介绍的劣势是效果很难评估。有可能线上推广的效果很好，但报名人数不一定多。

这五种转介绍，每一种都有自己的优点和缺点。学校要将五种转介绍进行组合，以组合的形式大力推广转介绍。

我们下面介绍几种组合的模式。

第一种是口碑加奖励的组合。通过以下两种模式，将口碑转介绍和奖励转介绍进行组合，发挥最大的效能。

首先，凡是愿意将学生的进步、获得的证书、考满分等好消息发布到朋友圈的家长，均可获得五张转介绍的爱心卡。家长将这五张爱心卡送给朋友，朋友来报名时，家长可以得到 500 元现金，朋友报名可以直接省 500 元，也就是转介绍的双方各得 500 元。

这种方式让家长把学生的进步、学习的效果、获得的证书及学生考满分的消息发布到他的朋友圈，自然就会引起他朋友圈里的朋友、家长的关注。只要家长发布朋友圈，又同时获得了五张爱心卡，那他的朋友在关注的同时就会问："你的孩子最近进步很大，你是如何教育孩子的？"这时家长就可以顺理成章地把我们的学校推广出去，同时还可以告诉他的朋友："我正好有这所学校的爱心卡，你可以去听听他们的课，如果去报名你还可以获得 500 元。"当然，介绍学员的家长也能获得 500 元。所以将口碑和奖励相结合的组合模式会迅速引起转介绍的裂变。

其次，凡是愿意将五个朋友拉入家庭教育微课堂群的家长均可获得五张爱心卡。同样，转介绍的双方各得现金 500 元。其实，老客户的家长群还可以变成一个转介绍的通道。学校可以定期或不定期地在群里召开家庭教育微课堂，为家长提供增值服务。只要我们讲的内容对家长有帮助，他们自然愿意分享。学校可以规定，愿意把五个朋友拉入家庭教育群的家长，都可以获得五张爱心卡。如果这些家长听了家庭教育讲座，对我们的学校感兴趣，又带着孩子来听了体验课，他就可以直接得到 500 元，而转介绍的这位老客户的家长也可以获得 500 元。既帮助了身边的朋友，又让自己和朋友各得 500 元，何乐而不为呢？

以上就是口碑加奖励组合的两种方法。

第二种组合，它是造势加奖励的组合。如何把造势转介绍和奖励转介绍组合在一起呢？

第一种方法，不管学校有多少位老师，其中一定有一位最幽默、最搞笑、最受学生喜欢的老师，可以把这位老师打造成网红老师。学校将他讲课的幽默段子、好玩有趣的讲课内容录成小视频，发布到各种社交平台，如荔枝 FM、快手、抖音、火山小视频、今日头条等平台。当学校把视频发布到各个社交平台以后，学校再把视频转发给老客户的家长，让他们把这个视频分享到其他社交平台。凡是将视频发布到社交平台的家长均可获得 200 元的代金券或礼品。

第二种方法，除了打造网红老师，还可以打造网红班级。学校将班级中的各种好玩有趣的事录制成视频，发布到社交平台，同样由家长和学生分享到其他平台。如果他们将视频发布到自己的朋友圈、抖音、今日头条等平台，就可获得 200 元的代金券或各种各样的礼品。

学校还可以在学校里打造一面涂鸦墙。

厦门大学有一条非常红的隧道，在那条隧道里，到处都是大学生的涂鸦。也正是因为这条涂鸦的隧道，厦门大学红了。

我们也可以在学校找一面墙作为涂鸦墙，由学生来进行各种各样的创意涂鸦，然后让家长录成小视频，或者拍照片，再将它们发布到自己的朋友圈，从而为学校快速造势。愿意上传视频的家长就可以获得 200 元代金券或各种各样的礼品。

美术学校可以为学生赠送印有涂鸦的矿泉水，作文学校可以为学生赠送印有一首诗的明信片，音乐学校可以为学生赠送小的口琴。这些礼品与众不同、好玩有趣，家长愿意拍照并分享到各大平台。

第三种组合，将口碑转介绍、造势转介绍、平台转介绍进行组合。不管是大城市还是小城市，都有平台推广公司。通过这些平台推广公司，我们可以将家长的评价发送到当地的各种群里，也可以将学校打造的网红老师、网红班级、网红学生、网红歌曲、网红舞蹈、网红涂鸦等交给平台推广公司，快速在当地的群里、朋友圈里发酵。还可以将我们录制的家庭教育课堂的视频交给各类平台推广公司，通过这些平台公司在各类社交平台进行广泛的传播。

第四种组合，将口碑转介绍、捆绑转介绍、平台转介绍进行组合。学校可以与当地的平台推广公司合作，利用节日来造势。例如在母亲节当天，我们可以开展一个为母亲点赞亮灯的活动，只要转发活动的内容，就可以为自己的母亲点亮一盏灯。点亮 3 盏灯者的前 1000 名学生就可以到学校为母亲领取一枝康乃馨。

点亮 8 盏灯的前 300 名学生就可以参与三代同堂春游活动。学生、妈妈及奶奶或外婆一起参与春游活动，欢度母亲节。

点亮 18 盏灯的前 100 名学生可以为母亲领取 1 床毛毯。

点亮 38 盏灯的前 50 名学生可以为母亲领取 1 个电动按摩洗脚盆。

点亮 88 盏灯的前 10 名学生可以为母亲领取 1 部小米手机。

点亮 128 盏灯的第 1 名学生可以为母亲领取 1 台小米电视。

要想点亮 128 盏灯，学生必须将我们的活动转发 128 次，也就是说他要领取小米电视，必须帮我们做 128 次推广。

另外，我们设置了奖品的数量：小米手机 10 部，小米电视 1 台，总成本是可控的。前 1000 名的奖品是康乃馨，而康乃馨的成本也是可控的。

同样，在三代同堂春游活动中，学生、奶奶或外婆参与都是免费的，但是如果学生的父母要参加，需要每人交 200 元。学生的父母一定会参加，一个人交了 200 元，平均下来 3 个人交了 60 元，已经收回了成本。

这个活动仅限小学生的家长参与，如果学校是做早教的，就仅限早教学生的家长参与；如果学校是做初高中教育的，就仅限初高中生的家长参与。这样就为我们设定了更加精准的客户。

通过这样一种口碑转介绍、捆绑转介绍加平台转介绍的组合，可以快速获得大量客户。

总之学校需要做到如下三点：

第一点，造势。利用节假日开展好玩有趣的、激发别人猎奇心理的活动。

第二点，推广。学校应该与当地的推广公司合作，快速树立学校的形象。

第三点，捆绑。将五种转介绍形式利用不同的组合模式进行巧妙的设计。

再回到先前介绍的案例。如何打造一家网红学校呢？笔者认为要从如下三个方向入手：

第一，学校要找到网红要素作为切入点。

第二，一定要将几种方式进行组合，不同阶段要用不同的组合方式。

第三，教学及服务质量是核心。

3.4 只要懂策划，招生其实没那么难

招生是学校的“生命线”，很多校长都特别担心学校的招生。虽然教学质量才是最重要的，但是如果没有生源，教学也无从谈起。很多校长都问过笔者一个问题：“能给我一套百试百灵的招生方案吗？我可就指望招生方案让学校“起死回生”呢。”

到底有没有好的招生方案呢？肯定有。可是好的招生方案就一定有好的招生结果吗？要知道，**招生是营销，需要巧妙地策划，只要懂策划，招生就没有想象中那么难。**

到底该如何做真正有价值、有意义、有结果的招生营销策划呢？让我们先来了解一下什么是策划。

策划的定义如下：策划是一种策略、筹划、谋划，旨在达成一定的目标。它建立在充分调查市场环境的基础上，遵循一定的方法和规则，人们对未来即将发生的事情进行系统、周密、科学地预测，并制定出科学可行的方案。

策划的定义表明我们必须充分地调查市场，同时要遵循一定的方法和规则，还要系统、周密、科学地预测，最终形成可行的方案。

如何策划学校的招生呢？其实地推、发传单、打邀约电话、讲体验课等单一的营销手段都不能称为策划，只能叫一场活动。

那么到底什么才是真正的营销策划呢？营销策划有如下三个维度：

第一个维度是充分调查市场环境。

第二个维度是遵循一定的方法和规则。

第三个维度是系统、周密、科学的预测。

这三个维度非常重要，是营销策划的核心。

下面我就这三个维度，阐述如何做学校招生营销策划。

第一个维度，充分调查市场环境。你有没有做过市场环境的调查？有没有调研、思考、总结如今市场环境下的客户特点？笔者总结了三种客户的心理特点，供大家参考。

特点一，恐惧心理。这是一个互联网信息爆炸的时代，人与人之间很难互相信任，由于人与人的信任感越来越低，人们往往拒绝销售这种方式。例如，家长往往不会接受传单、邀约电话这些销售方式，这是市场环境导致的。所以像地推、发传单这种方式效果都不好，报名热线也变成“冷线”了。

特点二，猎奇心理。新媒体的崛起，如抖音、微信、今日头条之类的平台推送的定制消息，迎合人们的猎奇心理。人们都倾向于拒绝硬性销售，却能接受软性销售，我们的客户在潜移默化中也不知不觉地被软性营销吸引。

特点三，传播心理。随着各种 App、网络渠道、社群的发展，人们越来越愿意使用这些新媒体主动传播信息。

图 3-6 所示的图片来自我们的一个会员学校——三原色美术学校。2018 年 5 月 20 日，他们做了一个活动叫“520 宝贝，我愿意”。

图 3-6　三原色美术学校“520 宝贝，我愿意”活动

活动设计如下：学生单膝下跪为自己的妈妈送上祝福并拍照片发布到朋友圈，就可以获得一个旋转钻戒，将它送给自己的妈妈。

没想到一个小小的创意，瞬间就在当地引起了热议，并在社群中广泛传播。

了解市场环境下客户的三大心理特点——恐惧心理、猎奇心理、传播心理后，营销策划就要围绕这些特点展开。

第二个维度，遵循一定的方法和规则。我们从六个方面进行解析。

其一，漏斗营销，它是引流和转化的一种形式，如新东方的一元班招生、朗培学校的康乃馨图书馆招生法都是经典的漏斗营销。其原理就是一开始价格低，吸引客户参加体验课，以此和客户建立信任。

其二，增值心理，也就是让客户觉得学习我们的课程是超值的。如昂立英语的百元拉杆书包活动，客户用 100 元购买 1 个月 4 次的英语课，同时还能获赠一个价值 100 元的拉杆书包。客户相当于零消费，还免费获得了 1 个月 4 次的英语课。

其三，饥饿营销，越得不到的东西人们就越想得到，这是一种消费心理。例如学而思的新校区开拓战略首先进行全网营销，让家长知道学而思要开新学校了，家长就会开始排队报名，学校一开业瞬间就满班了，这就是一种饥饿营销策略。

其四，创感服务，用周到的服务感动家长。例如，小菲利安清莹机构把服务做到了极致，学校的每个学生都有一本厚厚的成长手册。在学生完成一学期的学习之后，学校就把像书一样厚的成长手册交给家长，让家长看到学生在学校成长的点点滴滴，感受到他每一天的变化。享受到这样的服务，家长肯定愿意长期消费。

其五，参与体验。重庆的志强教育机构在装修新校区时，建了家长群，和家长互动、与他们讨论学校的装修风格，如学校要刷什么颜色的墙、装什么样的灯、买多高的板凳、多大的桌子等。这也是为了增强家长的参与感和体验感。

其六，节日营销。借助节日来营销，如淘宝的“双十一”、君学的“双十二”同学会招生活动、朗培学校的康乃馨图书馆招生活动，都是借助节日来营销的。

第三个维度，系统、周密、科学的预测。

其一，所有的营销策划必须是一个闭循环，是系统化的。如果学校做感恩学生家长的回馈活动，各位校长满意活动的效果吗？可能大多数校长对感恩活动本身是满意的，但是对招生结果不满意。因为活动没有形成闭环，学校忽略了营销结果。

其二，营销策划的核心是要把握每一个细节。我们举个例子。校长们一定都有过参加旅行团，并在导游的劝说下购物的经历。虽然很多旅行团号称无购物团，但人们总抵不过导游的游说，因为这些都是经过策划的。

其三，营销策划要科学，切忌脱离实际。笔者到过很多学校做家庭教育讲座，校长都说，这场讲座一定可以来 500 人，可是最后能来 200 人就已经不错了。这反映出校长对营销策划缺乏科学的预测，脱离实际，只靠主观想象。

如何将营销策划的三个维度落地呢？

众所周知，招生最核心的一步就是体验课，它相当于足球中的射门、篮球中的投篮，是最重要的一步。所以，我们就用体验课来解析营销策划的三个维度。

体验课营销策划的设计如下：

第一，课前准备。下面先介绍几个营销策划体验课课前准备的方法。首先，要准备好学生的名牌。学生和老师第一次见面时，老师不知道学生的名字，所以培训机构可以把学生的名字写在名牌上，把名牌贴在学生的胸前，这样老师就能轻松地叫出学生的名字了。这拉近了老师和学生之间的距离，也是打动家长的第一步。此外，老师还可以在开课之前对学生进行性格测试，了解学生的性格和特点。例如，红色性格的学生爱举手回答问题，但是往往答不对；绿色性格的学生往往能答对，但是不敢举手。老师针对学生的性格因材施教，会让家长觉得他很专业。学校还可以在教室里放置任课老师的展架，我们称为明星老师展架，让老师讲课有热情、有活力、有激情，让家长和学生觉得这个老师是一个明星老师。其实这些都花不了多少钱，却可以塑造一个良好的体验课的听课氛围。

第二，创感服务。体验课结束后，学校可以在活动区域安排冷餐会。冷餐不用学校自己制作，学校可以和网络平台对接，准备餐点。体验课后为什么要有冷餐会？家长第一次来学校听体验课，应该让他们感受到增值服务。餐点不需要太奢华，学校在活动区域提供一些小蛋糕、小面包、水果拼盘、茶水等即可。家长听完体验课，学校可以请家长和学生享用茶点。利用这样的方式，让我们有机会和家长多接触，用我们的服务打动家长。如图 3-7 所示为冷餐会的照片，效果非常好。这就是融入了参与感、体验感的创感服务式的体验课。

图 3-7　在学校活动区域安排冷餐会

下面给大家留一个思考题：在报名难的时间段，我们如何开展冷餐会呢？众所周知，星期六的早上是家长不愿意报班的时间段，因为周末早上学生要睡懒觉，而且太早将学生送到学校也不方便。报名人数最多的是周六下午，其次是周日上午。在这种报名比较难的时间段，要想促使家长报名，该如何开展冷餐会呢？

第三，家庭服务，即家庭教育的服务。这里分享两个方法。

其一，网络教育工作者。什么叫作网络教育工作者？现在的学生都已经习惯使用电脑、iPad 和手机，人人都有社交账号。学生用得最多的是 QQ 而不是微信。为什么学生不用微信？因为爸爸妈妈都在用微信，他们要找一个父母不在的地方，那个地方就是 QQ，家长很少使用 QQ。想要与学生尤其是叛逆期的学生交流内心真实的想法并不容易。每个学生都有秘密，他们不愿意与父母分享，但是父母又担心他们的网络交友问题。

这时，培训机构就可以安排一个网络教育工作者，他的主要工作就是和学生成为网络上的朋友，及时发现学生不好的行为，正确地引导学生。网络教育工作者作为一种增值服务，会让家长觉得学校非常专业。

其二，高端妈妈精英俱乐部。为了更好地服务学生和家长，很多培训学校都开设了家庭教育课程。如果家庭教育只停留在浅层面是很难打动家长的，家长也没有参与感和成就感。而且现在已经进入强调客户体验感及参与感的互联网时代，各位校长不要停留在给家长讲课、讲理论和方法的传统教学阶段，而是要打造高端妈妈精英俱乐部，如图 3-8 所示。

××学校高端妈妈精英俱乐部——VIP私教课表					
课次	内容	家庭教育的主题	时长	价格	备注
01	冷餐会	如何与孩子有效地沟通	120分钟	380元/人	老学员家长免费
02	插花私教课	如何帮助孩子发挥创造力	90分钟	380元/人	老学员家长免费
03	蛋糕烘焙课	如何提升孩子的动手实践能力	120分钟	380元/人	老学员家长免费
04	美妆美容课	如何对孩子进行"美学"教育	90分钟	380元/人	老学员家长免费
05	瑜伽健身课	如何对孩子进行性格养成课	120分钟	380元/人	老学员家长免费
06	父母演讲私教课	如何提升孩子未来职业影响力	120分钟	380元/人	老学员家长免费
07	家庭养生私房课	如何让家庭成员健康成长	120分钟	380元/人	老学员家长免费
08	亲子户外踏青	如何优化亲子关系	120分钟	380元/人	老学员家长免费
09	首饰及服装品鉴会	如何培养孩子的贵族气质	120分钟	380元/人	老学员家长免费
10	公益义工活动	如何让孩子更自信	180分钟	380元/人	老学员家长免费
11	孩子营养餐搭配	如何培养孩子奉献的精神	120分钟	380元/人	老学员家长免费
12	红酒品酒鉴赏会	如何培养孩子的领袖气质	90分钟	380元/人	老学员家长免费

图 3-8　VIP 私教课表

某学校高端妈妈精英俱乐部安排了 12 次课，提供全年每个月一次的免费赠课，赠送给老学员的家长。

第一次家庭教育的主题是“如何与孩子有效地沟通”，形式是冷餐会，这个活动时长 120 分钟，定价为 380 元，对老学员的家长是免费开放的。

第二次课是做插花私教活动，家庭教育的主题是“如何帮助孩子发挥创造力”。

第三次课是做蛋糕烘焙活动，家庭教育的主题是“提升孩子的动手实践能力”。

第四次课是美妆美容课，家庭教育的主题是如何对孩子进行“美学”教育。

第五次课是瑜伽健身课。

第六次课是父母演讲私教课。

第七次课是家庭养生私房课。

第八次课是亲子户外踏青活动。

第九次课是首饰及服装品鉴会。

第十次课是公益义工活动。

第十一次课是学生营养餐搭配课。

第十二次课是红酒品酒鉴赏会。

每一次课程都注重体验感和参与感，时长从 90 分钟到 180 分钟不等，这就是一种特殊的家庭教育的增值服务。

总之，网络教育工作者、高端妈妈精英俱乐部，将家庭教育从传统理论教学变成一种互动式的体验，这些都是有价值、有意义的家庭教育。

第四，连锁服务，也称乐龄中心，如图 3-9 所示。现在的父母都忙于工作，没有时间照顾学生，送学生上辅导班的往往是爷爷奶奶。其实老年人退休之后很需要成就感，如何满足他们的需求呢？笔者带团队在新加坡游学时发现，新加坡很多社区的教育机构会让学生的爷爷奶奶到学校来做教育义工。学校开设乐龄中心，爷爷奶奶被称为“乐龄人”。爷爷奶奶可以担任前台接待、带学生上厕所的安全员、课间休息的监督员等，这些都是义务工作，所以也称为教育义工。

图 3-9　乐龄中心

为了能够吸引老年人到学校，学校设置了专门的乐龄中心教室，目的是让这些老年人在学生上课时也能发光发热。如图 3-10 所示为乐龄中心 5 月的课程表，这些都是老年人感兴趣的课程。老师也由这些老年人免费担任，任职要求是对学校热心、对教育感兴趣、认可学校。

	10:30—12:00	13:00—14:00	14:00—15:00	15:00—15:30	15:30—17:00
周一	英文班	宾果游戏	讲座	下午茶	卡拉OK
周二	棋牌游戏	手工制作/填色	下午茶	休闲时间	劳动节
周三	大家齐聚	英文基础班	卡拉OK/中医药膳养生	卡拉OK	智能手机应用工作坊
周四	欢乐运动	卡拉OK/广东歌唱班	下午茶	卡拉OK	智能手机应用工作坊
周五	欢乐运动	宾果游戏	卡拉OK	下午茶	出游/母亲节庆祝会

图 3-10　乐龄中心 5 月课程表

当一位白发苍苍的老人坐在前台担任接待老师，并告诉家长自己的孙子在学校上课，自己在这个学校做教育义工，家长听到老人家对学校的介绍，你觉得家长会是什么感觉呢？老年人在乐龄中心送学生上课的同时，自身也能够有所收获。

第五，增值服务主题月活动，如图 3-11 所示，旨在潜移默化地培养学生的 18 项品质。除了要教学生知识，还需要培养他们的品质。很多新加坡的培训机构都在学校最突出的位置展示每个月学生品格发展的主题，如尊重、自信、信任、毅力、热情、勇气。每个月都有一个主题，这些主题不是由老师来教授，而是学生根据主题思考自己要怎么做，老师只是一个观察者。老师根据学生的表现给予他们奖励，学生积累奖励之后可以兑换小礼品。

1. 尊重	2. 创新	3. 协作
4. 开明	5. 信任	6. 奉献
4. 正直	8. 自信	9. 同情
10. 勇气	11. 应变能力	12. 责任
13. 热情	14. 毅力	15. 友善
16. 平衡	17. 韧性	18. 变通能力

图 3-11　增值服务主题月活动

学生的 18 项品质包括尊重、创新、协作、开明、信任、奉献、正直、同情、自信、勇气、应变能力、责任、热情、毅力、友善、平衡、韧性、变通能力，校长通过出这 18 项品质设计学生的两年成长计划。如果学生能在两年的成长中拥有这 18 项品质，家长对学校也会更认可，家长也会体验到超越期望的增值服务。同时，两年的成长计划也有利于家长坚持让学生在同一所学校学习。

第六，优惠政策，学校可以从顾客的猎奇心理及传播心理出发，设计优惠政策。优惠政策是为了促进家长消费，校长要思考营销策划的品牌传播模式，切忌为降价而降价、为打折而打折、为优惠而优惠，营销策划一定要形成封闭式的传播。降价、优惠、折扣让产品产生广泛的影响力，优惠政策才有价值。

抖音里有一个叫“挑战 10 秒赢免单”的活动，如图 3-12 所示。其活动规则如下：餐厅门口摆着一个精确到小数点后 4 位的计时器，顾客用完餐后录制一个视频。顾客在用餐时开启计时器，如果计时结束的时间刚好为 10.0000 秒，即可获得免单机会；如果时间为 10.0003 秒、10.0005 秒或 10.0008 秒，即可以获得二折优惠；如果误差在 0.01 秒内，顾客可以获得五折优惠；如果误差在 0.1 秒内，顾客可以获得七折优惠；如果超过误差范围，顾客就按照原价支付。

图 3-12　“挑战 10 秒赢免单”活动

学校可以借鉴这种趣味性的方式迎合顾客的心理，再录制小视频并发布到朋友圈和抖音进行传播。有的校长在学校策划了 10 秒免单的活动，取得了不错的效果，其他校长也可以尝试。一定要明确优惠政策的目的，也就是更广泛地传播信息、宣传学校。

总之，好的招生方案是成功的开始，但是好的招生方案并不一定会带来好的招生结果，完整、精妙的策划才是招生成功的关键。

本章介绍了营销策划的三个维度：充分调查市场环境，遵循一定的方法和规律，进行系统、周密的科学预测。在此基础上，学校要制定最终的方案。

3.5

你准备好进行全员营销了吗

有这样一个案例：一个学校有 300 多平方米，已经有十多名员工了，但是一年仅有百万元左右的营业额，这让校长头疼不已。除去房租、工资，利润所剩无几，其中很多收入还是预收款。在这种情况下，校区的员工还说工资给得少、没有双休、没有社保、没有公积金等。校长抱怨没有利润，员工抱怨没有收入，校长急切地想要招生，而员工却只想着上课。

那么学校到底该如何做呢？

下面我从员工的需求、校长的抱怨和背后的事实三个方面来分析为什么会发生这种情况。首先，员工的需求包括如下三个方面：

第一是今天的收入要满足当下的生活。

第二是明天的成长，如明天有怎样的成长、在学校有怎样的未来。

第三是后天的持续，就是以后人生的职业规划和未来的成长。

校长又在抱怨什么呢？校长无非就是抱怨员工没有能力，只知道索取，不知道付出。

校长有怨言，员工有需求，那么背后的事实到底是什么呢？

有三个事实是校长必须要明白的。

第一个事实：当你觉得员工没有价值的时候，其实员工也同样认为你和你的学校没有价值。

第二个事实：当你觉得员工总是在找借口的时候，其实你总是在给员工提供找借口的机会。为什么员工不愿意招生？为什么他有那么多借口？其实是我们给员工提供了不愿意招生、不愿意做营销的机会。

第三个事实：当你觉得员工总是出工不出力，其实你只是购买了员工的时间，而不是购买了员工的价值。

员工最大的价值是不断地创造价值，将价值最大化。上班时间只是基础，创造价值才是根本。很多校长其实只是购买了员工的上班时间，这 8 小时的工作时间员工到底为学校创造了怎样的价值，校长并没有关注。我们购买的一定不只是员工的时间，而是员工在上班时间里为学校创造的价值，这个价值不仅是招生、教学、服务，而是他们为学校产生的整体价值。当然，如果员工只愿意教学，只愿意服务，而不愿意招生，这个价值也根本无法体现。

请写下三个价值，这三个价值必须是你当前工作岗位最核心的价值。如果你是管招生的老师，可写下招生老师这个岗位最核心的价值。如果你是管教学的老师，可写下教学岗位最核心的价值。如果你是主管，可写下主管岗位最核心的价值。

校长可写下当前岗位最核心的价值。同时，再根据你认为的顺序重要性依次来书写。

作为校长，第一个核心价值就是管理团队；第二个核心价值是带领学校不断提高业绩，做好学校的运营；第三个核心价值是人才的招聘。把当前岗位最核心的三个价值挑选出来，并按照重要程度依次书写。

写完之后，就可以来做第二步。请大家为上述价值标一个价格，如何来标价呢？按照现在每个月的平均收入，把它拆分到每一个价值中去。例如，主管现在每个月的平均收入是 6000 元，它有三个核心价值，把这 6000 元拆分到每一个价值中，用这个价格来购买员工的价值。又比如，核心价值之一是打造老师团队，校长认为值 2000 元，就在后边写上 2000 元；核心价值之二是要做学校的教材研发，校长认为值 3000 元，就在后边写上 3000 元；核心价值之三是上课并做好续费工作，校长认为值 1000 元，就在后边写上 1000 元。做完这样一个实战模拟以后，我们发现 90%以上的学校只是购买了员工的时间，学校只利用了员工 20%的价值，而剩下的 80%的价值被白白浪费了。也就是说，我们购买了员工每天 8 小时的工作时间，但是并没有换回对学校有用的核心价值。

在管理学中，单位员工创造的价值可以用一个专业术语来形容，即人效，人效就等于单位员工创造的价值。接下来有两句话，各位校长一定要认真思考。

第一句话：如果学校想要快速增加业绩，就需要快速地增加员工的人数。例如，学校今年有 10 名员工，业绩为 100 万元，明年的业绩想达到 200 万元，那就招聘具有同等能力的 20 名员工。所以，如果想要快速增加业绩，就需要快速地增加员工的人数。

第二句话：想要快速地让学校盈利，就要提升员工的人效。员工的人数增加了，学校的业绩也会增长，但利润未必会增长。所以想要增加业绩，增加人数就可以了，但是要增加利润则需要增加人效。原来一个员工一年可以创造 10 万元的价值，在人数不变的情况下，把 10 万元提高到 15 万元，利润就会增长 50%以上。所以，员工人数等于业绩，而人效等于利润。因此，如果校长想要提高业绩，就要增加员工的人数；如果校长想要增加利润，就要增加员工的人效。

如何增加人效？首先来看人效的公式：**人效=总业绩/总人数**。

例如，学校一年的总业绩是 100 万元，学校共有 10 人领工资，用 100 万元除以 10 人，就得出了这个学校的人效是每年 10 万元。那么如何增加人效？通过这个公式就可以得出结论。第一，可以减少低业绩员工的人数，人数减少了，业绩保持不变，人效自然就增加了；第二，可以增加产生业绩的人数，业绩增加了，人效也会增加。

因此，增加人效有两种方法，第一种是减少低业绩员工的人数。学校可以精简团队人数，在业绩不变的情况下，人效就可以增加。

第二种方法是最可行也是最有效的，就是在人数不变的情况下，增加产生业绩的人数，也就是进行全员营销。

很多校长会说："我也想进行全员营销，可是员工不喜欢招生，如何把他们不愿意做的事变成他们愿意做的事呢？"

接下来介绍几个方法。第一个方法叫作嗑瓜子激励法。

我们都知道，每个人嗑瓜子都不是一口气把一盘瓜子嗑完的，而是一颗一颗地嗑，这就是把复杂的任务分解。很多员工认为想要提高业绩太难了，又要出去发宣传资料，又要打电话，又要上体验课。

其实事情并不复杂，就像我们总认为要把一盘瓜子嗑完很难，但是当我们一颗一颗去嗑的时候，就会发现只需花费少量时间就可以嗑完。

所以，我们要学会把复杂的任务进行分解。

人们为什么喜欢嗑瓜子？因为他们喜欢香甜的瓜子仁。这是对我们完成任务最好的奖励，也是最及时的奖励。所以第二个方法是任务完成后，及时激励。

当我们把一大盘瓜子嗑完以后，我们看着嗑完瓜子的这个盘子及地面上的一大堆瓜子壳，会有一种成就感。所以，第三个方法是公众展示。

如何把这些方法用到全员营销中呢？首先就是分解目标，不要一次性让员工打 50 个、100 个电话，要不然他们会觉得太难了。一次只让员工打 13 个电话，因为 13 个电话刚好可以用半个小时打完，而且也可能会有 1～2 个家长对我们的体验课感兴趣。所以我们一次只让员工打 13 个电话，打完 13 个电话就休息 15 分钟。在休息的这 15 分钟里应该干什么呢？这时要激励员工。只要员工成功邀请一个家长，就给这名员工一张抽奖券。等到这个家长在周末带着学生来听体验课的时候，这个抽奖券才会生效，这种方法叫作激励法。我们可以设计奖品，如一等奖是 iPad、苹果手机等，二等奖是手环，三等奖是洗脚盆、捶背仪等。这样，每名员工在打电话的时候心里都在想：我要拿到抽奖券，我要抽到心仪的奖品。

接下来，就是在工作微信群里进行汇报。例如，“恭喜张老师用自己的爱和行动让两位家长来听体验课，同时张老师获得了两张抽奖券，我们也预祝张老师可以在两位家长听完体验课之后抽中大奖。来，再一次把掌声和鲜花送给我们的张老师。”把这样的消息发到工作群里，让其他员工回复消息，相信张老师在 15 分钟休息完之后，会很乐意再去打下一组电话。

校长要让员工每次只打 13 个电话，打完之后中间休息 15 分钟，用抽奖的方式激励员工，表现优秀的员工校长可以在工作群进行表扬。同时每天只安排员工打两组电话，一组 13 个；中间休息一下，发抽奖券、微信喜报，再让他打 13 个电话，一天的任务就完成了。

在这里给大家展示一个五步的实施策略。

第一步，定人员，全员参与。凡是在学校领工资的员工，每个人都必须打电话，只要打电话，就能获得奖励。

第二步，制定抽奖的规则。如一等奖有几个，二等奖有几个，三等奖有几个，每种奖品的价格分别是多少，校长都可以精心设计。

第三步，确定奖品。奖品的选择标准可以不同，一等奖的标准可以是 300 元、500 元，二等奖的标准可以是 100 元、200 元，参与奖可以是一些价格比较便宜但是又比较实用的东西，如吹风机、烤面包机等。最重要的不是抽奖的结果，而是抽奖的过程。

第四步，定周期。学校可以变换奖品的种类，从而让员工觉得这项工作有新奇感，他会更喜欢这项工作，这样就把员工不愿意做的事变成了他们愿意做的事了。

第五步，定喜报。喜报必须由主管来编写，经校长审核后才能发布到群里。发布到群里之后，大家只需要跟帖回复就可以了。

如何实现全员营销?

要从产品的设计角度来思考。

第一种推课的方法是家长听完体验课之后，学校直接推荐一学期 4600 元的课程。

第二种推课的方法是家长听完体验课之后，学校先推荐 380 元的一个月短训班，家长感觉短训班有效果，学校再给他们推荐半年或一学期 4600 元的课程。

大家觉得用哪一种方法学校课程的报名率会更高？一定是第二种方法。利用 380 元的课程建立信任感，再给家长推荐 4600 元的课程，用第二个方法报名率会更高。而且用第二个方法实际收到的学费比用第一个方法的要高，因为用第一个方法只收了 4600 元，用第二个方法却收了 4980 元。其实校长只需要 4600 元的学费就可以了，多余的这 380 元，不妨把它奖励给那些负责招生的员工。

还有第三种推课的方法，在家长听完体验课之后，学校先推荐 380 元的课程，然后推荐 4600 元的课程；在家长报 4600 元的课程时，学校再推荐一个 158 元的书包，或带有学校 LOGO 的保温杯、T 恤衫、舞蹈服、舞蹈鞋或跆拳道服等。

第三种方法和第二种方法有什么区别？首先，推荐这个 158 元的书包会影响课程的报名吗？不会。因为这不是强制性的，相信有一半以上的家长愿意多交 158 元购买书包或印有学校 LOGO 的商品。价值 158 元的商品，其实制作成本可能就几十元，每卖出去一个我们又多了 100 元的净利润，不妨把这多的 100 元给员工。这样就形成了一个良性循环。首先，有奖励，员工愿意打电话招生。因为员工打了电话，他就可以抽奖。家长来听体验课，学校就为他们推荐 380 元的短训班。报名 380 元课程的学生越多，员工的收入就越多，学校就有更多的钱给员工买更好的奖品，员工就会更愿意打电话招生，这就是良性循环。

最后，营造全员营销的氛围。员工不愿意招生有一个很重要的原因，就是他们认为招生很难、很枯燥，因此，营造全员营销的氛围很重要。如果有一个良好的营销氛围，当新员工加入后，他也会很快被这个氛围感染，也就不会抗拒营销这项工作了。

那么可以从哪些方面营造全员营销的氛围？

第一，可以设置父母旅游奖，每个月业绩前三名员工的父母都可以获得国内 2～3 天的短途旅游机会，由学校出钱。

第二，凡是每月业绩达标的员工，都可以享受带薪休假。员工本来每周可能只休息一天或一天半，而现在的 90 后员工更看重的是休假和自由，所以我们不妨给每个月业绩达标的员工多两天的带薪休假时间。

第三，一种营造氛围的方法叫作“为爱成交巴巴掌”。在朗培的销售团队中，每出一个单，主管都会进行唱单，如，他会大声地说：“来，接下来各位小伙伴注意了，我们的张老师成功邀请了济南的赵校长来参加课程，接下来巴巴掌响起来。”然后员工就会拿一个巴巴掌，在空中摇出啪啪的响声，我们要求每个月、每个员工必须摇烂一个巴巴掌，其实就是为了营造全员营销的氛围。

如果员工未能完成业绩就要受到惩罚，如“未能突破苦瓜奖”。凡是没有达标的员工，每个月月底都要生吃一根苦瓜。当然，类似的方法还有很多，这里我们和大家分享了这四种方法：父母旅游奖、带薪休假奖、为爱成交巴巴掌、“未能突破苦瓜奖”。

下面我和大家分享关于阿里巴巴的营销铁军的故事。阿里巴巴在刚起步的时候，也需要地推，他们有了一支营销铁军。阿里巴巴的营销铁军包括后来的滴滴出行的创始人程维、美团网原 CEO 干嘉伟、去哪儿网的总裁张强等。要让员工知道，营销不是苦差事，而是磨炼自己的机会。

再回到开头的案例中，为什么 300 多平方米的学校只有每年 100 万元的营业额？原因就是学校没有做到全员营销，人效太低。想要提高利润，必须提升人效，进行全员营销。全员营销是提升学校利润的保障。本节我们通过嗑瓜子激励、产品的设计和营造全员营销氛围等方法，梳理了如何进行全员营销。各位校长要记住，想要提高利润，就要不断提升人效，而提升人效，就要进行全员营销。

3.6 续费是一场提升自我的修行

续费是学校的核心。对于学校来说，续费是教学质量、教学效果最直观的体现，也是最重要的收入来源。

先来看一个案例。好未来作为教培行业的标杆，有很多地方值得校长学习。好未来的创始人张邦鑫提出：**最好的商业模式就是价值观**。

笔者也认为续费并不是向家长和学生推销，而是实现团队的价值。

所以，我们要重新定义续费。

好未来 15 年来一直坚守三句话：

第一，教不好学生等于“偷钱”和“抢钱”。

第二，不是靠口碑招来的学生不受尊敬。

第三，跟客户不亲的学校没有未来。

通过好未来的这三句话，我们能够了解为什么好未来可以在 15 年中快速地发展，并在全国占据一席之地。教不好学生等于“偷钱”和“抢钱”，这是怎样的价值观的引领？不是靠口碑招来的学生不受尊敬，这需要多么大的勇气？跟客户不亲的学校没有未来，客户为上，这需要付出多少努力？

所以，**续费是实现团队的价值，而价值观是教学的核心，也是续费的核心。**

今天我们要重新定义续费，价值观才是续费的核心。你的团队有没有正确的价值观？

什么是价值观？

价值观是基于人一定的思维和感官，使人做出的认知理解判断或抉择，也就是人认定事物、判断是非的一种思维或价值取向，从而体现人、事、物一定的价值或作用。

其实续费是水到渠成的事，而不是用各种技巧、手段蒙骗家长和学生，那种价值观是不合理的。价值观就等于我们的行为准则，我们的团队有什么样的价值观，就会有什么样的行为。

其实价值观和续费，对外是学校口碑和教学效果的体现，对内就是对团队价值观的检验。

一个团队有什么样的价值观，就会有什么样的续费结果。如果我们的价值观是为了更好地去爱和帮扶每一个学生，就会带来更多的正能量，所以续费好不好完全是学校团队价值观的体现。

续费就是将学校的价值观落实到日常的教学工作中。假设把诚实、负责、亲近、友爱作为学校团队价值观的标准，那老师就要把诚实、负责、亲近、友爱融入日常的教学中。只要老师踏踏实实、认认真真地把这价值观融入教学工作中，相信一定会有一个好的续费结果。诚实，就是要求老师与学生真诚地沟通；负责，就是要求老师认真备好每一堂课、讲好每一堂课，认认真真地为缺课的学生补课；亲近，就是要求老师主动亲近学生和家长；友爱，就是给学生除了学习的爱。

下面来看看诚实、负责、亲近、友爱这四个价值观的具体落地策略和方法。

第一个关键词：诚实

团队价值观的第一个要素是诚实，老师要与学生真诚地沟通学习的效果。

没有什么比真诚更能打动人心，与其跟家长虚假地汇报学生的学习效果，老师不妨认认真真、踏踏实实、真诚地告诉学生他每一次的进步和当下的缺点。

具体的实施方法有以下三个：

第一，汇报学期教学计划及预期效果。老师应把下一学期的教学计划及预期的学习效果汇报给家长。

第二，落地家校诚心沟通记录表。也就是说，老师和家长的每一次沟通，都是真实且真诚的。学生有什么优点，老师就说他有什么优点，学生有缺点，老师也应如实告知家长。另外，我在前文也讲过家长助教这个方法，每一节课学校可以邀请一位家长走入课堂，来做老师的助教。让家长监督教学过程并评价教学效果，这不也是诚心的表现吗？

第三，为学生制定下学期的成长目标。老师应真诚地与家长沟通，为学生下一学期的学习制定计划，帮助学生成长。这样，我们就把价值观的要素——诚实，落实到日常的教学工作中了。

第二个关键词：负责

老师应认真备好每一次课，讲好每一次课，为缺课的学生补好每一次课。下面我将从三个方面进行介绍。

第一，老师的备课真的负责了吗？老师应该把每一节课的备课内容发给教学主管、执行校长，由教学主管和执行校长签字，然后再发给家长，家长就会觉得这个学校很负责，这里的老师也很负责。这样，学校的价值观就进入了家长心中，续费也就是自然的事了。所以，续费一定不是做很多的“花架子”，而是老老实实地把我们的价值观融入每天的教学工作中。

第二，老师的授课真的负责了吗？老师有没有写教学反思？学校有没有为老师录制上课的视频，然后分析老师的动作是否到位、语言表述是否清楚，讲解的方法是否正确，课堂反馈是否真实、完整？老师的教学反思、课堂反馈，学校有没有发给教学主管、执行校长确认签字，最终再反馈给家长呢？

第三，老师对学生的补课负责了吗？老师有没有为缺课的学生补课？补课有没有效果？补课只是形式还是真正地辅导学生？

其实续费不需要做多复杂的事情，只需要把负责融入每天的教学工作中，就会给家长留下好印象。

第三个关键词：亲近

主动亲近学生和家长，跟客户不亲的学校没有未来。

第一，在课间老师和学生亲近了吗？课间老师和学生之间有互动吗？在课间，老师可以和学生在空地上玩老鹰捉小鸡的游戏，老师可以坐在凳子上，把学生抱在怀里，还可以和学生一起自拍并将照片发布到朋友圈。

第二，老师关心家长了吗？老师有没有主动给家长一个拥抱去亲近家长？人与人之间需要情感、需要亲近，老师不是高高在上的教育工作者，而是要走进家长和学生的内心。

第三，老师知道学生和学生家长的生日吗？不管是学生的生日还是学生家长的生日，一枝鲜花、一张写满文字祝福的卡片或是一场家庭教育微课都是一份不错的生日礼物。老师要做一个亲近学生的有温度的老师，做一个有温度、愿意亲近学生的教育工作者。

各位校长应该认真思考，你的学校、你的团队应该有怎样的价值观。当你想到这些价值观以后，应该把它落实到每日的教学工作中，给客户留下一个好的印象。

第四个关键词：友爱

给学生除了学习的爱，爱是最好的表现。我们不妨问问自己，也问问老师，我们给学生带过自制的点心吗？大家可以想象一下这种场景：老师在家亲手为学生做了小点心，再带到课堂上和学生一起品尝，在学生父母来接学生的时候，送给他们一份自己做的点心——这是一种学习以外的爱。

老师带学生去自己家里聚过餐吗？大家想象一下这种场景：老师买好菜，把学生带回自己的家，然后带着学生一起洗菜、淘米、做饭，最后一桌丰盛的晚餐便完成了。

老师除了学习，要给学生更多的爱，这样一定会给家长留下这样的印象——这是一个心中充满爱的老师。

续费一般有三个维度，一是人性，二是策略，三是工具，如图 3-13 所示。

可能更多的校长和老师都在关注续费的策略、技巧、方法及续费的工具，但是忽略了人性。比如我们上面举的例子，诚实就是诚实地沟通学习效果；负责就是认真地备好每一次课，讲好每一次课，补好每一次课；亲近就是主动亲近学生、亲近家长；友爱就是除了教给学生知识，还能给予他们满满的爱。

图 3-13　续费的三大维度

最后回到开头的那个案例，好未来 15 年一直坚守三句话——教不好学生等于“偷钱”和“抢钱”，不是靠口碑招来的学生不受尊敬，跟客户不亲的学校没有未来，我们略加修改：教不好学生的续费等于“偷钱”和“抢钱”，没有好口碑的续费不受尊敬，跟客户不亲的学校没有续费的未来。要想把续费做好，更重要的不是搞定学生和家长，而是重视团队价值观。祝愿所有的校长都能够带领团队，重新梳理自己团队的价值观，并且把价值观落实到每日的教学工作中。

3.7 如何讲好家庭教育微课

现在用传统的招生手段根本招不到学生，家庭教育和互联网招生是一种新趋势。那么作为校长，到底该如何通过微信讲家庭教育微课呢？

首先，介绍当下家庭教育微课的四个误区。

第一个误区，很多校长认为讲微课需要花费很多精力，事实上，立马去做是最节省精力的。其实家庭教育微课不是不能做，也不是很难做，只是我们把它想得很难。想得越多，做得越少，想来想去最后也没有行动。做家庭教育微课需要花费一定的精力，可是做什么不需要花费精力呢？校长如果想做家庭教育微课应该马上去做，这就是最节省精力的方式。

第二个误区，很多校长认为讲家庭教育微课一定需要精通家庭教育。其实不然，我们不一定非要成为心理学和教育学专家。我们不一定要在家庭教育微课里讲太多高深的理念，接地气、能落地更重要。

第三个误区，很多校长认为没有多少家长愿意参与家庭教育微课。其实家庭教育微课积少成多，这节课有 10 个家长参与，下节课可能就有 15 个家长参与，再下一周可能就有 25 个家长参与，只要坚持下去一定会有结果。

第四个误区，讲家庭教育微课只能为老客户的家长服务，无法促进招生。其实，只要我们做好了服务，自然有好的口碑，好的口碑就会提升学校的转介绍率，这样就能招到学生了。

家庭教育微课也有其独特的价值。

第一，家庭教育微课为老客户提供增值服务，是学校营造口碑、实现续费最快捷的途径。

第二，家庭教育微课是学校差异化的体现。要想让自己的学校与众不同，就要和别人不一样。

第三，家庭教育微课是学校微信群裂变的途径。我们可以采取一系列激励措施：如果家长帮我们拉人进群，我们就给家长小礼物。如此一来这个群就会快速裂变，这也是一种全新的招生模式。

第四，打造专业化老师团队。我们应该思考教学质量从哪里来？

教学效果从哪里来？当老师上课能够用家庭教育的方法和技巧去训练学生的性格、训练学生的注意力、改变学生坏习惯的时候，我们的专业性是不是也会打动家长呢？

接下来我们通过家庭教育微课执行流程的“七步曲”，和大家分享如何一步一个脚印地将家庭教育微课落地，如图 3-14 所示。

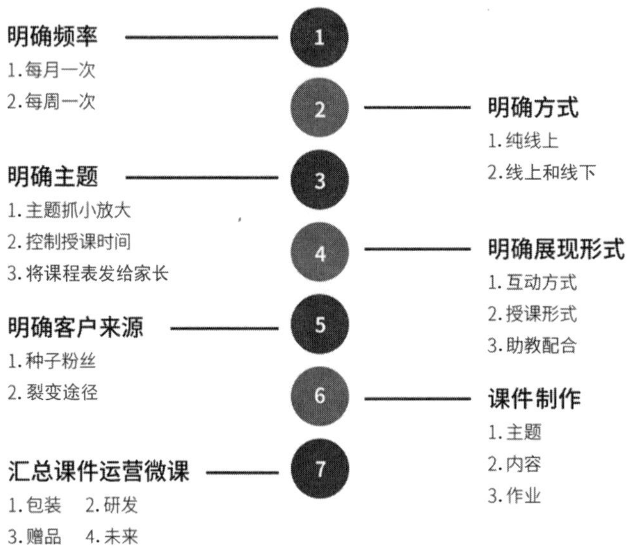

图 3-14　家庭教育微课执行流程的“七步曲”

第一步，明确家庭教育微课的频率。我们做家庭教育微课，频率是每月一次、每周一次，还是半年一次？一旦确定为每月一次，那么每个月老师都必须按照既定的频率完成微课。

建议家庭教育微课的开课频率至少为每周一次或每月一次。

第二步，明确家庭教育微课的两种方式。

第一种方式是纯线上的，所有的内容都在微信群中呈现。

第二种方式是线上和线下相结合的。老师可以在每个月的月初做一次线上分享，在月末做一次线下分享。在这里需要注意的是，线下分享才是核心。如果家长只是在线上听微课，我们做的相当于只是公益活动，那么如何将线上微课转化成线下的收益呢？这时大家就要特别关注第二种方式，将线上与线下相结合。

我给大家的建议是上微课可以每个月两次，一次线上、一次线下。当然，也可以一个学期上两次线上微课、一次线下微课。大家可以设置自己学校微课的频率和形式，一旦定了就不能改变。

第三步，明确主题。当我们明确了讲课的频率和形式以后，就要确定主题并制作课程表。

下面我将从三个方面进行介绍。

第一，主题切忌太大，我们要学会抓小放大。假设有一个主题叫作“如何改变学生的坏习惯”，这其实是一个很空、很大的主题，很难吸引家长。我们不妨改成“如何让学生远离手机和电脑”，将主题缩小以后，我们就紧紧地抓住了家长的痛点。

“如何培养学生的好习惯”也是一个很大的主题，我们不妨改成一个小主题，如“如何让学生具备勇敢的品质”，主题的落脚点在于“勇敢”。利用这些去吸引家长，这是进行主题设计时校长要关注的。

第二，每一次讲授微课的时间最好不超过 30 分钟，整体时间持续 70 分钟左右。有的校长会很诧异地说：“为什么我只讲 30 分钟，但是整体时间却有 70 分钟？”原因很简单，我们要有一个开场造势的环节，大概需要 5 分钟，最后总结、布置作业大概需要 5 分钟。接下来要讲 30 分钟，但是还要再放 30 分钟的家长语音，所以整体时间大概是 70 分钟。

下面举一个很简单的例子，笔者曾经讲过一个微课，叫作“如何改变学生玩手机游戏的坏习惯”。我和家长互动时问：当学生在看电视、玩手机游戏的时候你在干什么？很多家长说我在做家务，我在做饭，我在看手机，我也在看电视等。我就反问家长：当学生看电视、玩手机的时候你没有发现他比做作业、学习的时候，注意力更集中？家长说是的。原因是家长没有在这个过程中破坏学生的注意力，所以学生一玩游戏就玩一个小时。这个时候家长应该端着一杯水来到学生的面前，让他喝水，破坏他的注意力。

当你破坏了学生的注意力，他自然也就没办法再痴迷于手机游戏和电视剧了。反过来，当学生在写作业的时候，家长不应该给学生倒水，而是应该告诉他：“宝贝，你应该用 40 分钟写作业，闹钟响了你才可以出来，然后我给你准备水果。”所以各位家长，当学生在看电视、玩手机游戏的时候，我们要学会做破坏他的注意力；而当学生在写作业的时候，我们要让他集中注意力。

我给家长讲完这个例子之后，家长反响强烈。所以，各位校长要介绍的家庭教育微课的内容一定要简单、直接且可行。

第三，在家长报名的时候我们就要把全年的家庭教育微课课程表发给他们，让他们了解学校的增值服务。

这里为大家展示一个某教育机构 2018 年下半年的微课课程表，如图 3-15 所示。

时间	课程内容	授课人	形式
9月28日晚上8点	如何让孩子远离手机游戏	张老师	线上微课
10月13日晚上8点	如何改变孩子的电视瘾	张老师	线上微课
10月29日下午4点	如何让孩子远离电子产品	张老师	线下
11月9日晚上8点	如何巧妙提升孩子的注意力	赵主管	线上微课
11月23日晚上8点	如何让孩子敢于举手	赵主管	线上微课
12月8日下午4点	学霸精英少年锻造	赵主管	线下
12月22日晚上8点	如何让孩子爱上阅读	李校长	线上微课
1月4日晚上8点	如何让孩子具备“金口才”	李校长	线上微课
1月16日下午4点	精英少年演说训练	李校长	线下

图 3-15　2018 年下半年的微课课程表

9 月 28 日晚上 8 点，课程的内容是“如何让学生远离手机游戏”，授课人为张老师，形式是线上微课。10 月 13 日晚上 8 点，课程的内容是“如何改变学生的电视瘾”，授课人是张老师，形式是线上微课。10 月 29 日下午 4 点，课程的内容是“如何让学生远离电子产品”，这是一个线下活动。

到了 11 月、12 月，课程的内容都和学生的习惯有关。如 11 月

9 日晚上 8 点，课程的内容是“如何巧妙提升孩子的注意力”。11 月 23 日晚上 8 点，课程的内容是“如何让孩子敢于举手”。12 月 8 日下午 4 点，课程的内容是“学霸精英少年锻造”，这是一个线下活动。12 月 22 日晚上 8 点，课程的内容是“如何让孩子爱上阅读”。1 月 4 日晚上 8 点，课程的内容是“如何让孩子具备‘金口才’”。1 月 16 日下午 4 点，课程的内容是“精英少年演说训练”。所以，每两次线上微课、一次线下活动形成了一个小主题，这就是一个完美的循环。当做出这个课程表来后，家长来报名咨询的时候我们就把这个课程表发给他们，告诉他们如果给孩子报名，还可以获得免费学习家庭教育微课的资格，这也是给家长提供了一种增值服务。

第四步，明确家庭教育微课的展现形式。当我们有了课程表、设计出内容后，就要按照课程表上的时间开展家庭教育微课。

在授课时，大家要注意如下三个方面：

第一，授课之前的造势和互动。如果在晚上 8 点讲课，老师可以在晚上 7 点就开始在群里造势，如，助教老师可以说：“各位爸爸妈妈、各位学生，今天晚上 8 点有一堂微课，主讲老师是李校长。”更重要的是，要让学生通过语音进行自我介绍，如“老师你好，我是秦皇岛小学四年级一班的张浩南同学，一会儿我要和爸爸妈妈一起听你讲‘如何让孩子远离手机游戏’的课程，希望对我有所帮助。”当学生稚嫩的声音在群里传出来，家长点开一听，第一反应就是把自己的孩子也叫过来，“宝贝快点来，在群里做个自我介绍！”这样会形成一种跟风效应，这个群里瞬间就活跃起来了。群里一定不能只有老师和助教老师的声音，一定要让学生做自我介绍，那些稚嫩的声音就是最好的名片。

第二，在讲授时，在群里用语音比用文字更有效。文字是冰冷的，没有感情的。我们可以把文字以阅读、演讲、朗读的形式发送到群里，每 60 秒作为一条，中间给家长和学生留出一定的反应时间。

第三，助教老师的配合也很重要。助教老师会时不时地把现场老师讲课的照片发到群里。助教老师也可以把老师讲的重要内容以文字的形式提炼出来，如赵老师语录、李校长语录这种形式。也就是说，主讲老师用语音授课、助教老师把核心内容用文字的形式展现出来，让家长既能听得见，又能看得见。

要特别注意的是，助教老师是微课顺利进行的核心。讲课前的造势、讲课前老师形象的塑造，以及快要开始时的主持、群规的制定和发布、对课程核心内容的提炼等，都是助教老师的工作。助教老师和主讲老师完美配合，才能形成一堂良好的家庭教育微课。

第五步，明确家庭教育微课的客户来源。我们的客户是老学员的家长，首先要把他们拉进群，让他们来体验我们的微课。我们要把课程表发给家长，通过他们来建立“粉丝池”，提升续费率和口碑。当然，不能只为老学员服务，还要吸引新学员的家长。我们可以对老学员的家长说，你只要拉 5 个好友进群，孩子就能获得一套训练注意力的工具；你拉 10 个好友进群，孩子就能获得一次两天一夜的精英少年演说训练课程。通过这种裂变途径，老学员的家长慢慢地把新学员的家长拉到群里，本来有 20 个老学员的家长，每人拉

5 个人进来，就变成 100 人。当学校成功建立 10～20 个这样的群时，5000～10000 个用户自然也就产生了。

第六步，制作家庭教育微课的课件。

我将从五个小点和来大家分享。

第一，通过案例导入引起共鸣。如果大家不知道如何讲家庭教育微课，可以反复看笔者是如何讲一堂职业化校长成长之路的微课的，这其实是有异曲同工之妙的。在每一节课开始，我都会先讲一个案例，引起大家的共鸣。例如，讲一个学生是不是总习惯性撒谎这样一个案例，引起家长的共鸣。

第二，讲完案例之后，围绕案例来讲解原理。学生为什么撒谎？其实是为了逃避痛苦，这是不信任家长的一种表现。

第三，根据原理来讲解方法。如何让学生信任家长，如何让他不再撒谎呢？我们来讲一种方法，如每个月要开一个家庭会议，叫作真心话家庭会议。在这个家庭会议中，每个人都必须说真话，然后老师再把这个方法的策略、实施的步骤讲给家长听。

第四，回到案例，总结升华。其实学生撒谎、不诚实是由家庭教育的缺失造成的。

第五，给家长留作业。例如，让家长回去举办真心话家庭会议，要拍照片，记下心得体会，在微信群里把照片及心得体会分享出来。给家长留作业，其实无形中可以增加老师与家长之间的黏性。

第七步，把每次讲的家庭教育微课的课件汇总在一起，学会用产品化的思维运营家庭教育微课。当你能够一年讲十几场家庭教育微课，讲了三年后有了三十多套家庭教育微课，甚至有上百套家庭教育微课的时候，是不是就可以把它们包装成某教育机构的亲子学院的产品？当学校有新学员家长加入时，可以把给老学员家长讲的这些内容拿出来重复讲，形成一种新的滚动式的讲授形式。

最后做一个总结，想要做好家庭教育微课首先要知道四个误区，我们不要被家庭教育微课很难、需要很专业的知识吓倒，把课程表做出来发给家长之后，你会发现这其实并不难。第一步，要系统地规划，做出课程表。第二步，要固定流程，在这里，笔者与大家分享了七个流程。按部就班地把课程表做出来，把内容设计出来，然后按照课程表一步一步地去讲，相信大家一定可以把家庭教育微课做好。第三步，要具备产品化的思维，不妨逼自己一把，研发十几套家庭教育微课的课件，把它们打包成产品，使自己的学校成为家庭教育微课知识体系的提供商。相信大家已经有了很多收获，那么不妨好好思考一下，我期待大家能够在家庭教育微课这一方面有所突破。

致谢

“生命的过程，就是时间消费的过程。在时间面前，最伟大的人也无逆转之力；我们无法买进，也无法售出；我们只有选择、利用。”在写本书的过程中，我一直问自己，如何把正确的事情以正确的方式贯彻到底，那就是通过文字和声音把更多的内容传递出去。如果您已经认真地读完了本书，我可以很自信地说，您已经具备了做一位职业化校长的基本能力。

“人一能之，己百之；人十能之，己千之。果能此道矣，虽愚必明，虽柔必强。”希望各位读者也能够从合上书的这一刻开始，如书中所讲，给自己定下一个小目标，重复去做，倒逼自己每天不断地学习。也欢迎各位读者与我分享自己的见解、想法、意见，您也可以登录教育家 App 查看更多课程内容。

海子说：“我们最终都要远行，最终都要与稚嫩的自己告别。”梦在远方，路在脚下，我想将此书献给所有千千万万怀揣教育情怀的战斗在教育培训行业一线的校长们、老师们，感谢你们在中国教育梦的圆梦征程上不忘初心，砥砺前行！

图书在版编目（CIP）数据

职业化校长成长之路 / 刘春晖著. —北京：电子工业出版社，2019.7
ISBN 978-7-121-36046-6

Ⅰ. ①职…　Ⅱ. ①刘…　Ⅲ. ①校长—学校管理　Ⅳ. ①G471.2

中国版本图书馆 CIP 数据核字（2019）第 033825 号

责任编辑：黄　菲　　文字编辑：刘　甜　　特约编辑：刘广钦　王　璇
印　　刷：三河市鑫金马印装有限公司
装　　订：三河市鑫金马印装有限公司
出版发行：电子工业出版社
　　　　　北京市海淀区万寿路 173 信箱　邮编 100036
开　　本：720×1 000　1/16　印张：19.5　字数：276 千字
版　　次：2019 年 7 月第 1 版
印　　次：2019 年 7 月第 2 次印刷
定　　价：75.00 元

凡所购买电子工业出版社图书有缺损问题，请向购买书店调换。若书店售缺，请与本社发行部联系，联系及邮购电话：（010）88254888，88258888。

质量投诉请发邮件至 zlts@phei.com.cn，盗版侵权举报请发邮件至 dbqq@phei.com.cn。

本书咨询联系方式：1024004410（QQ）。